Rolf Herdejost

Zurück zu den Wurzeln

Was verbindet
Christen und Juden miteinander?

Die Stiftshütte –
das Heiligtum des wandernden
Gottesvolkes

Verlag der
Liebenzeller Mission
Lahr

ISBN 3-88002-520-7

Die Deutsche Bibliothek – CIP-Einheitsaufnahme

Herdejost, Rolf:
Zurück zu den Wurzeln : was verbindet Christen und Juden miteinander? ; Die Stiftshütte, das Heiligtum des wandernden Gottesvolkes / Rolf Herdejost. – Bad Liebenzell: Verl. der Liebenzeller Mission, 1993
  (TELOS-Bücher ; 1351 : TELOS-Paperback)
  ISBN 3-88002-520-7
NE: GT

TELOS-Bücher
TELOS-Paperback 71351

Alle Rechte vorbehalten, auch der auszugsweisen Wiedergabe und Fotokopie

© Copyright 1993 by Edition VLM im Verlag der St.-Johannis-Druckerei, Lahr
Umschlaggestaltung: Grafisches Atelier Arnold, Dettingen/Erms
Fotos im Inhalt: W. Rothaug (Alle Aufnahmen zeigen das vom Autor im Maßstab 1:10 erstellte Modell der Stiftshütte. Als Dias auch separat lieferbar – fragen Sie Ihren Buchhändler)
Herstellung: St.-Johannis-Druckerei, Lahr/Schwarzwald
Printed in Germany

Inhalt

Dank	6
Zurück zu den Wurzeln	7

Kapitel 1

Ein Volk zieht aus	10
Die Erlösung geschieht...	12
...allein durch den EWIGEN	13
...durch einen Mittler	14
...durch das Blut	19
Das Pessach-Fest	20
Die Führung	25
Die Wolken- und Feuersäule	26
Die Herrlichkeit des HERRN	26
Jesus – Abglanz der Herrlichkeit Gottes	28
Die Herrlichkeit der Erlösten	29
»Umleitung«	30
Das Schilfmeer	31
Marah	32
Elim	33
Das Manna	34
Das Wasser aus dem Felsen	35
Die Amalekiter	36
Jethro besucht Mose	37
Die Belehrungen	38
Moralische Ordnungen	39
Das erste Gebot	41
Das zweite Gebot	42
Das dritte Gebot	43
Das vierte Gebot	45
Das fünfte Gebot	47
Das sechste Gebot	48
Das siebte Gebot	50
Das achte Gebot	52
Das neunte Gebot	52

Das zehnte Gebot	53
Soziale Ordnungen	54
Religiöse Ordnungen	55

Kapitel 2

Die Stiftshütte – Das Heiligtum in der Wüste	56
Der Umhang	61
Der Brandopfer-Altar	61
Das Waschbecken	62
Das Heiligtum	64
Der Leuchter	65
Der Räucher-Altar	65
Der Schaubrottisch	66
Das Allerheiligste	66
Die Aufrichtung der Stiftshütte	68

Kapitel 3

Ein Volk dient Gott	70
Die fünf Opfer	71
Das Brandopfer – Ganzopfer	72
Das Speisopfer	73
Das Dankopfer	75
Das Sündopfer	75
Das Schuldopfer	76
Chronologie der fünf Opfer	78
Das Priestertum	79
Die Priesterweihe	80
Die erste Opferung	82
Der Jom-Kippur – Großer Versöhnungstag	83
Erlösung und Versöhnung	88
Jesus – Messiaskönig und Priester	89
Israel und die christliche Gemeinde	93
...Israel gehört die Sohnschaft	94
...Israel gehört die Herrlichkeit	94
...Israel gehören die Bündnisse	95
...Israel gehört die Gesetzgebung	96
...Israel gehört der Dienst	96

...Israel gehören die Verheißungen

Kapitel 4

Die 40jährige Wanderung – Versuch einer Erklärung 101
...die Zugordnung der Stämme Israels 101
...der Transport des Heiligtums 103
Die kupferne Schlange 104
Israels Landnahme 106
Prophetie und Zionismus 112
Die Geschichte Jerusalems – nach der Zerstörung
des zweiten Tempels 114
Schaubilder/Grafiken
Die Stiftshütte 118
Der Stammbaum Jesu 119
Lagerordnung der 12 Stämme Israel 120
Chronologie des Auszugs aus Ägypten 121
Auszugsroute von Ägypten nach Kanaan 122
Israels biblische Grenzen 123
Ausschnitt Zeittafel 124

Dank

Ich bin dem EWIGEN, meinem Gott, dankbar für den tiefen Einblick in seine Heilsgeschichte, den er mir bei der Erarbeitung dieses Buches geschenkt hat. Ich bin ihm dankbar für den Lernprozeß, der mir das Volk Gottes – Israel – näher gebracht hat. Und ich bin meinem himmlischen Vater dankbar für die Erkenntnis seines Sohnes, des Messias Jesus, der mir zum Erlöser und Versöhner geworden ist.

Nicht zuletzt danke ich meiner Tochter Friederike, die mir mit ihrer Kenntnis des Judentums geholfen hat, die Geschichte der Hebräischen Bibel (AT) besser zu verstehen.

Für Friederike

Die neutestamentlichen Bibelzitate (*kursiv* geschrieben) sind der **Revidierten Elberfelder Bibel**, Ausgabe 1987, entnommen. Die alttestamentlichen Bibelzitate (*kursiv* geschrieben) sind dem **Pentateuch und Haftaroth** entnommen, einer fünfbändigen Ausgabe des hebräischen Textes und deutscher Übersetzung mit Kommentaren von Dr. Joseph Hermann Hertz, Oberrabbiner der jüdischen Gemeinden des Britischen Reiches (1937), erschienen im Verlag Morascha, Zürich (1984).

Zurück zu den Wurzeln

Wo sind die Wurzeln des christlichen Glaubens?

Diese Frage hat mich veranlaßt, die Stiftshütte – das Heiligtum des Volkes Israel in der Wüste – als Modell im Maßstab 1:10 nachzubauen. Dabei ging es mir auch um die Darstellung des Opferkultes. Um die Frage nach den Wurzeln des christlichen Glaubens umfassend beantworten zu können, ist es notwendig, die Geschichte des Volkes Israel zu kennen. Dazu ist wiederum die Kenntnis der Hebräischen Bibel (AT) eine wichtige Voraussetzung. Bedauerlicherweise ist immer wieder zu hören, daß das Alte Testament der christlichen Gemeinde nichts mehr zu sagen hätte, denn Jesus Christus sei doch des Gesetzes Ende (Rö.10,4). Selbstverständlich hat Jesus als einziger die Forderungen des göttlichen Gesetzes erfüllt. Damit ist das Gesetz aber nicht abgeschafft worden. Es gilt immer noch. Das schrieb der Apostel Paulus an die Gemeinde in Rom, denn das Gesetz zeigt dem Menschen, wo er durch Übertretung vor Gott schuldig geworden ist.

»Was sollen wir nun sagen? Ist das Gesetz Sünde? Das sei ferne! Aber die Sünde hätte ich nicht erkannt als nur durch Gesetz...« (Rö.7,7a).

Wer im Neuen Testament (NT) das Heilsangebot Gottes verstehen will, muß sich mit den Zusammenhängen von Sünde und Schuld, wie auch mit Vergebung und Versöhnung in den von Gott vorgeschriebenen Kulthandlungen des Volkes Israel auseinandergesetzt haben. In der Hebräischen Bibel (AT) wurde ein **unvollkommener** Opferkult praktiziert, der ständig wiederholt werden mußte. Dagegen wird im Neuen Testament (NT) durch den Opfertod des Messias Jesus die Praxis des alten Bundes vollendet.

*»Denn der Christus ist nicht hineingegangen in ein mit Händen gemachtes Heiligtum, ein Gegenbild des wahren Heiligtums, sondern in den Himmel selbst, um jetzt vor dem Angesicht Gottes für uns zu erscheinen, auch nicht, um sich selbst oftmals zu opfern, wie der Hohepriester alljährlich mit fremdem Blut in das Heiligtum hineingeht – sonst hätte er oftmals leiden müssen von Grundlegung der Welt an –; jetzt aber ist er **einmal** in der Vollendung der Zeitalter offenbar geworden, um durch sein Opfer die Sünde aufzuheben« (Hebr.9,24-26).*

Auf diesem Wege will ich versuchen, eine Antwort auf die Frage nach den Wurzeln des christlichen Glaubens zu finden. Wie oben schon erwähnt, wird dabei die Betrachtung der Stiftshütte und der damit verbundene Opferdienst als wichtige und notwendige Grundlage zur Demonstration dienen.

In diesem Zusammenhang sei auch auf die Ausführungen des Apostels Paulus hingewiesen, der an die Gemeinde in Rom schrieb:

»Wenn die Wurzel heilig ist, so auch die Zweige. Wenn aber einige der Zweige ausgebrochen worden sind und du, der du ein wilder Ölbaum warst, unter sie eingepfropft und der Wurzel und der Fettigkeit des Ölbaumes mit teilhaftig geworden bist, so rühme dich nicht gegen die Zweige. Wenn du dich aber gegen sie rühmst – du trägst nicht die Wurzel, sondern die Wurzel dich. Du wirst nun sagen: Die Zweige sind ausgebrochen worden, damit ich eingepfropft würde. Richtig; sie sind ausgebrochen worden durch den Unglauben; du aber stehst durch den Glauben. Sei nicht hochmütig, sondern fürchte dich! Denn wenn Gott die natürlichen Zweige nicht geschont hat, wird er auch dich nicht schonen.

Sieh nun die Güte und Strenge Gottes: gegen die, welche gefallen sind, Strenge; gegen dich aber Güte Gottes, wenn du an der Güte bleibst; sonst wirst auch du ausgeschnitten werden. Aber auch jene, wenn sie nicht im Unglauben bleiben, werden eingepfropft werden, denn Gott kann sie wieder einpfropfen. Denn wenn du aus dem von Natur wilden Ölbaum ausgeschnitten und gegen die Natur in den edlen Ölbaum eingepfropft worden bist, wieviel mehr werden diese, die natürlichen Zweige, in ihren eigenen Ölbaum eingepfropft werden« (Rö.11,16b-24)

In diesem Textabschnitt geht es um die Frage, ob Gott sein Volk verstoßen hat. Das verneint Paulus entschieden. Gott hat sein Volk nicht verstoßen, das er zuvor erkannt hat (Rö.11,1.2); denn seine Gnadengaben und seine Berufung reuen Gott nicht (Rö.11,29). Allerdings sind aus dem edlen Ölbaum (der im Bild für Israel steht) **einige** Zweige, wegen ihres Unglaubens ausgebrochen. Es ist also nicht so, wie oft interpretiert wird, daß Israel über der Wurzel abgeschnitten ist, was zu der Annahme geführt hat, Israel sei von Gott verworfen worden. Das Gegenteil ist der Fall: Wenn ein Jude seinen Unglauben gegen Gottes Heilsplan aufgibt, wird er wieder eingepfropft. Auch die Glaubenden aus den Nationen sind als **wilde** Zweige in den edlen Ölbaum eingepfropft worden. Sie sind damit der gleichen Segnungen, Gnadengaben und Berufungen Gottes teilhaftig geworden. Wenn sie sich allerdings hochmütig oder herablassend gegen Gottes Güte und damit gegen sein Volk Israel verhalten, werden sie aus dem edlen Ölbaum wieder herausgebrochen.

Weil der Fall Israels den Nationen zum Heil geworden ist, sollen sie Israel zur Eifersucht reizen (Rö.11,11). Die Christenheit hat demnach die Aufgabe, die Juden in aller Welt auf das Heil in dem Messias Jesus eifersüchtig zu machen. Ein Blick in die Kirchengeschichte zeigt allerdings eine ganz andere Entwicklung. Durch Inquisitionen und Pogrome wurden die Juden verfolgt und grausam umgebracht.

Wer dem Wort Gottes vertraut, wird nicht umhin können, an dieser Stelle Buße zu tun. Es gilt zu begreifen, daß die Christenheit ohne die Juden (Israel) nicht existieren würde. Ebensowenig können die Juden ohne die Christenheit existieren. Beide bedingen einander, weil sie in einem Ölbaum zusammengepfropft sind und gemeinsam ihre Kraft aus der gleichen Wurzel ziehen.

Kapitel 1
Ein Volk zieht aus

Das Volk Israel ist ein Wunder unter den Völkern der Welt. Obwohl das kleinste unter allen Völkern, ist es doch so bedeutend, weil es Kulturen, Machtsysteme und Weltreiche bis in die Gegenwart hinein überdauert hat. Das hängt damit zusammen, daß es das Volk Gottes ist. Der EWIGE hat sich dieses Volk unter allen anderen Völkern als sein Eigentum erkauft. Wie die Geschichte des Volkes Israel ihren Anfang nahm und wie der EWIGE Israel zu seinem Volk machte, berichtet die Bibel.

So schildert das 2.Buch Mose (lat.: *Exodus*) den Auszug der Kinder Israel aus dem Diensthause Ägyptens. Das 1.Buch Mose (lat.: *Genesis*) schließt mit dem Bericht, daß 12 Familien mit 70 Personen nach Ägypten **hinabziehen.** Die jüdische Tradition zählt aufgrund von 1.Mose 46,8-27 zu den 70 Männern die Ehefrauen, die Kinder und Enkelkinder hinzu, dazu die Männer der nichtgenannten Töchter und deren Kinder, wie auch die Knechte und ihre Familien. Demnach muß die Gesamtzahl derer, die nach Ägypten **hinabgezogen** sind, mehrere hundert Personen betragen haben. Zu dieser Reise hat der EWIGE durch seine Verheißungen selbst aufgefordert:

>»*Ich will mit dir **hinabziehen** nach Ägypten, ich will dich auch wieder **heraufführen**«* (1.Mo.46,4).

In einem Zeitraum von nur 215 Jahren sind die 12 Familien zu 12 Stämmen von etwa 2 1/2 Millionen Menschen angewachsen. Wegen dieser Größe läßt Pharao das Volk unterdrücken, denn er hat Angst, die Hebräer (d.h. Fremdlinge) könnten sich bei kriegerischen Auseinandersetzungen mit den Nachbarstaaten auf deren Seite schlagen und gegen Ägypten kämpfen. Beim **Auszug** wird die Zahl der wehrfähigen Männer mit rund 600 000 angegeben. Die genaue Zahl der wehrfähigen Männer, nach Stämmen und Sippen aufgelistet, beträgt nach 4.Mose 1,46 allerdings 603 550.

Auf die Zeitangabe des **Auszugs** aus Ägypten nehmen vier Bibelstellen Bezug. Abram erhält die Verheißung eines Sohnes mit dem Hinweis, daß seine Nachkommen in einem fremden Land 400 Jahre unterdrückt sein werden (1.Mo.15,13). Auf diese Stelle bezieht sich Stephanus in seiner Rede (Apg. 7,6). Nachdem nun die Kinder Israel an **einem** Tag aus Ägypten **ausziehen**, heißt es, daß sie 430 Jahre dort gewohnt haben (2.Mo.12,40). Der Apostel Paulus nimmt diese Zahl bei seiner Erklärung des Bundes auf, welchen der EWIGE mit Abraham gemacht hatte, und sagt, daß das **Gesetz** 430 Jahre **danach** gegeben wurde (Gal.3,17). Demnach gibt es folgende Unterteilung:

Von Gottes Bund mit Abraham bis zum Einzug Jakobs in Ägypten sind es 215 Jahre. Weitere 215 Jahre sind es bis zum Auszug der Kinder Israel unter Moses Führung. Demnach würde der Auszug zwischen der von Wissenschaftlern angenommenen Früh- und Spätdatierung stattgefunden haben (siehe Ausschnitt Zeittafel).

Kann aber eine Gruppe von mehreren hundert Personen, die nach Ägypten hinabgezogen war, in einem Zeitraum von 215 Jahren auf etwa 2 1/2 Millionen Menschen anwachsen? Wie die jüngste Geschichte beweist, ist das sicher möglich. Durch das Manifest der Kaiserin Katharina I. von Rußland vom 22. Juli 1763 siedelten sich zwischen 1764 und 1861 – also in 98 Jahren – etwa 100 000 Deutsche in Rußland an. Nach 150 Jahren, also im Jahre 1914, waren sie auf 1,7 Millionen angewachsen. Diese Wachstumsrate kam dadurch zustande, daß die Familien oft zehn und mehr Kinder hatten.

Auch die Unvorstellbarkeit des Auszugs eines Volkes in dieser Größenordnung ist in etwa vergleichbar mit der Tatsache, daß sich Ende des 18. Jahrhunderts 400 000 Tartaren in einer Nacht aufmachten, um von Rußland nach China zu ziehen.

Wer das Volk Israel verstehen will, wird an Gott nicht vorbeikommen. Aus seinem Gesetz spricht die Ewigkeit. Auf den Altären Israels loderte die Flamme der Hingabe und Anbetung. In den Psalmen schluchzen das Weh und die Sehnsucht der Menschheit. An Israel wird Gottes Barmherzigkeit offenbar, die über das Gericht triumphiert und im Triumph des Lebens gipfelt, daß dieses Volk niemals untergehen wird.

Wer dieses Volk begreifen will, muß zuerst Abraham in seinen Glaubensentscheidungen, Isaak in seiner Segensfülle, Jakob in seiner Lebensschule und Joseph in seinem Leidensweg verstanden haben.

Das Leben dieser vier Männer, die sich trotz ihrer vielen Schwachheiten in ihrem Vertrauen und in ihren Handlungen durch die erfahrenen Gottesoffenbarungen bestimmen ließen, spiegelt Israels Geschichte in seinem Vertrauen auf den EWIGEN wider. Gottes Offenbarungen, die mit Abraham, Isaak und Jakob begonnen hatten, wie auch sein Heilshandeln sollen nun durch dieses kleine Volk Fortsetzung finden.

Da sich Israel aber noch als Sklavenvolk in Ägypten aufhielt, mußte es der EWIGE befreien. Gottes Erlösungsplan kommt in seiner Zusage zum Ausdruck »Ich will dich erretten und befreien« (vgl. 2.Mo.3,7.8).
Und so führte der EWIGE sein Volk aus der Knechtschaft Ägyptens heraus. Hier wird neben der geschichtlichen Berichterstattung die heilsgeschichtliche Bedeutung des Buches deutlich. Die Hebräische Bibel (AT) wird damit zur **Grundlage** des Neuen Testaments (NT), wie umgekehrt das NT die **Erfüllung** der Hebräischen Bibel (AT) ist! Dabei steht Jesus im Mittelpunkt des Geschehens, denn die Geschichte des Heils ist die Geschichte Jesu

- als das Passahlamm (2.Mo.12):
  »Denn auch unser Passah, Christus, ist geschlachtet« (1.Kor.5,7b).

- als das Manna (2.Mo.16):
  »Ich bin das Brot des Lebens« (Joh.6,31-35).

- als der geschlagene Fels (2.Mo.17):
  »...sie tranken aus einem geistlichen Felsen, der sie begleitete. Der Fels aber war der Christus« (1.Kor.10,4).

- als der Hohepriester (2.Mo.28):
  »Christus aber ist gekommen als Hoherpriester...und ist mit Seinem eigenen Blut ein für allemal in das Heiligtum hineingegangen und hat eine ewige Erlösung erfunden« (Hebr.9,11.12).

Das 1.Buch Mose berichtet von der Abwärtsentwicklung des Menschen als Folge seiner Selbstverwirklichung ohne Gott. Das 2.Buch Mose bringt die Botschaft der Erlösung aus der Knechtschaft antigöttlicher Mächte durch Gottes starken Arm. Das Buch beginnt mit Not und Finsternis und endet mit der Herrlichkeit des EWIGEN in der Stiftshütte. In die Mitte aber stellte der EWIGE sein Passahlamm und griff damit erlösend in die Geschichte seines Volkes ein.

Die Erlösung geschieht...

Nach 215 Jahren Aufenthalt in Ägypten ist aus einer kleinen Gruppe von Nomaden ein großes Volk geworden – das Volk Israel, das in der Provinz Gosen, einem Landstrich im Überschwemmungsgebiet des Nildeltas, seßhaft wurde. In der Abgeschiedenheit dieses Gebietes war es dem Volk möglich, seine religiös-kultische Eigenart des Monotheismus (das ist der Glaube an nur **einen** Gott) zu bewahren. Es lebte in

Stämmen und war dem EWIGEN gehorsam. In dieser Zeit fand es aber auch zu seiner politischen Identität, die es bis heute nicht verloren hat. Als Zeichen des Bundes mit dem EWIGEN wurde die Beschneidung praktiziert (1.Mo.17,9-14; 2.Mo.4,24-26). Und als Zeichen seines Glaubens wollte das Volk seinem Gott opfern (2.Mo.8,23).

Nachdem ein neuer Pharao den Thron Ägyptens bestiegen hatte, begann die Leidenszeit für die Hebräer (Fremdlinge). Sie mußten harte Frondienste verrichten (2.Mo.1,13.14). Dazu sollten auf Befehl des Pharao alle männlichen Neugeborenen getötet werden. Das Volk befand sich in einer traurigen, hoffnungslosen Situation.

Gab es einen Ausweg? Gab es Rettung? Da das Volk sich nicht selbst befreien konnte, gab es nur eine Möglichkeit: Die Rettung mußte von **außen** kommen.

...allein durch den EWIGEN 2.Mose 1-4

Gottes Erlösungsplan war schon vorbereitet, als der EWIGE zu Abraham sprach:

»Du sollst wissen, daß ein Fremdling sein wird dein Same in einem Lande, das nicht das ihre ist, und sie werden sie knechten und sie drücken 400 Jahre. Aber auch strafen werde ich dieses Volk, dem sie dienen, und nachher sollen sie ausziehen mit großer Habe« (1.Mo.15,13.14).

Das Heilshandeln des EWIGEN drückt sich in den Worten »ich will« aus (2. Mo.3,10.20.21; 6,6-8). Er vergaß den Bund nicht, den er mit Abraham, Isaak und Jakob geschlossen hatte. Er nahm sich seines Volkes an, das in Not war, denn der EWIGE erhörte ihr Wehklagen und gedachte an seinen Bund mit Abraham, Isaak und Jakob (2.Mo.2,24.25)! Doch Pharao, der den Gott der Hebräer nicht kannte, wollte das Volk nicht ziehen lassen. Aber er kam nicht an Gott vorbei. Er **hörte** den Befehl Gottes und mußte dessen Macht **erfahren**, obwohl er sich dagegen verschloß. Als er merkte, daß der Gott der Hebräer stärker war als er, versuchte er es mit Kompromissen. Das ist die meistgebrauchte Taktik der Gegner des lebendigen Gottes.

*»Geht und opfert eurem Gott **hier** im Lande« (2.Mo.8,21).*
»Ich will euch gehen lassen, damit ihr dem EWIGEN, eurem Gott, in der Wüste opfert, aber geht nicht weiter« (2.Mo.8,24).

Nach Pharaos Befehl sollte nicht das ganze Volk dem EWIGEN dienen, sondern nur die Männer (2.Mo.10,10.11). Auch die Schafe und Rinder sollten in Ägypten zurückbleiben (2.Mo.10,24).

In dieser Einstellung eines Pharao befinden sich auch manche Christen, indem sie Gott mit Kompromißvorschlägen entgegentreten. Deshalb gilt es, von Mose zu lernen; mutig, im Bewußtsein der Gegenwart Gottes zu antworten: Nichts, aber auch gar nichts lassen wir zurück (vgl. 2.Mo.10,25.26).

Warum? Weil alles dem EWIGEN gehört. Und so gilt es, seine totale, vollkommene und ewige Erlösung dankbar anzunehmen!

Weiter geschieht die **Erlösung**...

...durch einen Mittler   2.Mose 5-11

Es ist schon ein Wunder, daß der EWIGE sich zur Ausführung seiner Pläne des schwachen und unvollkommenen Menschen bedient. Dabei war die Berufung eines Menschen in den Dienst Gottes damals immer mit einer persönlichen Begegnung des Menschen mit Gott verbunden. Das hatten Abraham, Isaak und Jakob erlebt, wie auch der Apostel Paulus (Apg.9). Gott beruft mit einem »heiligen Ruf« und handelt **durch** den Berufenen (1.Petr.2,9), wodurch dieser zum Segensträger und Botschafter wird. Im Auftrag des Messias Jesus und an seiner Stelle sollen Menschen in die Versöhnung mit dem EWIGEN gerufen werden (2.Kor.5,20).

So wurde auch Mose in den Dienst Gottes berufen. Er war ein hebräischer Knabe, der unter dem Tötungsgesetz des Pharao zur Welt kam. Seine Eltern ließen ihn aber leben, weil sie im Glauben handelten und weil Mose ein schönes Kind war (Hebr.11,23). Als nach drei Monaten seine Existenz nicht mehr zu verheimlichen war, wurde er in einem Kästchen am Ufer des Nils im Schilf versteckt. Dort fand ihn die Tochter des Pharao und zog ihn an Kindes Statt auf. Bis zur »Entwöhnung« – nach jüdischer Tradition ist das der Abschluß der ersten sechs Lebensjahre – wurde Mose noch einmal zu seiner Mutter zurückgebracht. Er verbrachte dadurch seine **Kindheit** in einem israelitischen Elternhaus, wodurch sein ganzes späteres Leben mit allen Entscheidungen nachhaltig beeinflußt wurde. So konnte Mose danach unbeschadet seine **Schulzeit** am Hofe des Pharao durchlaufen und erhielt die beste Ausbildung der damaligen Zeit. Im Stand eines Prinzen war seine Ausbildung umfassend. Neben den Allgemeinfächern Politik, Kriegsführung, Wirtschaft, Finanzen, Staatsführung und Diplomatie wurde er in allen wissenschaftlichen Fächern ausgebildet. Seine **Lebensschule** erhielt er allerdings in der Wüste bei den Schafen. Vierzig Jahre Stille und Besinnung sind zwar eine lange Zeit, aber für Moses Zurüstung waren sie notwendig, da er auf Grund seiner praktischen Kenntnis der Wasser- und Weideplätze das Volk Israel sicher durch die Wüste führen konnte. Erst mit achtzig Jahren wurde Mose von Gott in den Dienst gerufen. Bei der Betrachtung seines Lebens fallen drei wichtige Wahrheiten auf, die jeder, der für Gott brauchbar sein will, beachten muß!

Die erste Wahrheit: Mose lernt eine **wichtige Lektion.**

40 Jahre	40 Jahre	40 Jahre
am Hofe Pharaos	in der Wüste	Führer Israels
Mose ist »Jemand« geworden	Mose muß zu einem »Niemand« werden	der EWIGE wird für Mose »alles«
ich kann!	ich kann nicht!	aber Gott kann!

Die zweite Wahrheit: Mose trifft eine **wichtige Entscheidung.**

Mose wurde zwar am Hofe des Pharao ausgebildet (Apg.7,22), aber über die Entscheidung, die er traf, wird im 11. Kapitel des Hebräerbriefes berichtet:

> *»Durch Glauben weigerte sich Mose, als er groß geworden war, ein Sohn der Tochter Pharaos zu heißen, und zog es vor, lieber mit dem Volk Gottes Ungemach zu leiden, als den zeitlichen Genuß der Sünde zu haben, indem er die Schmach des Christus für größeren Reichtum hielt als die Schätze Ägyptens; denn er schaute auf die Belohnung«* (Hebr.11,24-26).

Mose hatte begriffen, daß der Lohn Gottes größer ist als aller Reichtum dieser Welt. »Darum«, so schreibt Johannes, »habt nicht die Welt lieb« (1.Joh. 2,15)! Und Jesus sagt: »Wo euer Schatz ist, da ist auch

euer Herz «(Matth. 6,21). Moses Entscheidung wurde durch das Ziel bestimmt, denn er hatte begriffen:
- weltliche Ehre ist vergänglich,
- weltliche Freuden sind zeitlich,
- weltlicher Reichtum verblaßt im Blick auf die Belohnung, die der EWIGE für Seine Kinder bereithält.

Die dritte Wahrheit: Mose empfängt **einen klaren Ruf.**

Zum Abschluß seiner **Lebensschule** erlebte Mose in der Wüste eine Theophanie (eine Gotteserscheinung) (2.Mo.3,1-6). Der EWIGE begegnete Mose in einem brennenden Dornbusch und berief ihn in seinen Dienst.

Was ist ein Ruf? Ein **Ruf** basiert auf einer **Schau** für eine bestimmte Aufgabe. So nahm der EWIGE Mose mit in seine **göttliche Schau** hinein, indem er sprach:

»Gesehen habe ich das Elend meines Volkes, das in Mizrajim, und seine Klagen über seine Treiber habe ich gehört, ja, ich kenne seine Leiden. Und ich bin herabgekommen, es zu retten aus der Hand Mizrajims und es herauszuführen aus diesem Lande in ein gutes und geräumiges Land...!« (2.Mo. 3,7.8)

Anmerkung:
In der Hebräischen Bibel (AT) wird Israel an dieser Stelle zum ersten Mal »mein Volk« genannt. Gott hat die Sache des Volkes zu seiner eigenen gemacht. »Gott steht immer auf der Seite der Verfolgten«, sagen die jüdischen Weisen. Und die **Klagen** der Israeliten waren ein Aufschrei menschlicher Geschöpfe, die unmenschlich behandelt wurden, ein Verzweiflungsschrei, der zum Throne des Allmächtigen aufgestiegen war.

Mizrajim ist die hebräische Bezeichnung für Ägypten.

Ein **Ruf** ist mit einem **Befehl** verbunden, denn Gott sprach zu Mose:

»Und nun, komme, daß ich dich sende zu Pharao, und führe mein Volk, die Kinder Israel, aus Mizrajim!« (2.Mo.3,10)

Ein **Ruf** fordert die **Reaktion** des Angesprochenen heraus. Mose reagierte dabei typisch menschlich. Er handelte mit Gott und wollte einer Entscheidung aus dem Wege gehen, indem er ihn fragte:

»Wer bin ich, daß ich zu Pharao gehe? Und daß ich die Kinder Israel aus Mizrajim führen soll?« (2.Mo.3,11)

Vielleicht war es die Angst vor der Vergangenheit, die Erinnerung an die Ermordung des ägyptischen Aufsehers und seine Flucht vom Hofe Pharaos, die Mose vor dem göttlichen Auftrag zurückschrecken ließ. Doch Gott nahm ihm diese Angst. Er konnte getrost wieder nach Ägypten gehen, weil die Leute, die ihn töten wollten, längst gestorben waren (2.Mo.4,19).

Ein **Ruf** ist mit einer **Verheißung** verbunden, denn Gott sprach zu Mose:

»Ich werde mit dir sein! Und das sei dir das Zeichen, daß ich dich sende: Wenn du das Volk geführt hast aus Mizrajim, werdet ihr Gott dienen auf diesem Berge« (2.Mo.3,12).

Mose versuchte es nun mit einer anderen Taktik. Er fragte Gott, was er den Kindern Israel sagen solle, wenn sie ihn fragen würden, wer ihn gesandt habe (2.Mo.3,13). Hier schwingt der Zweifel mit, ob ihm das Volk auch glauben würde, wenn Mose im Auftrag Gottes redete. Daraufhin stellte sich Gott als Erlöser vor:

»Ich werde sein, der ich bin! Also sprich zu den Kindern Israel: Ehjeh sendet mich zu euch...der EWIGE, der Gott eurer Väter, der Gott Abrahams, der Gott Isaaks und der Gott Jakobs sendet mich zu euch. Das ist mein Name für ewig, und das mein Angedenken für alle Zeiten!« (2.Mo.3,14.15)

Anmerkung:
»Ich werde sein, der ich bin« (hebr.: *ehjeh ascher ehjeh*) ist nach der jüdischen Tradition der nur in sich selbst ruhende ewige Gott. Damit wird die Einheit und die reine Geistigkeit des Wesens Gottes erklärt, die im ausgesprochenen Gegensatz zu allen Formen der Götterdarstellung als menschenähnliche, tierische oder himmlische Wesen, die sonst überall praktiziert wurde, steht. »Ich werde sein, der ich bin« ist nicht philosophisch zu verstehen, vielmehr liegt der Nachdruck auf der aktiven Offenbarung der göttlichen Existenz. Den Israeliten in der Sklaverei sollte die Ansicht vermittelt werden: Obgleich der EWIGE bis jetzt seine Kraft noch nicht für euch entfaltet hat, so **wird** er es dennoch tun.

Mose fragte zuerst: »Wer bin ich?« und dann fragte er Gott: »Wer bist du, wie ist dein Name?« Dabei wollte Mose nicht wissen, wie Gott »genannt« wird, denn nichts wäre der Bibel entgegengesetzter als die Idee eines »unbekannten Gottes«. Vielmehr geht es hier um die Frage nach der **Macht** Gottes. In Gottes Antwort wird deutlich, daß er es ist, der Israel in ewiger **Treue** und unwandelbarer **Gnade** zugewandt ist und die Zukunft seines Volkes fest in seiner Hand hat. Israel sollte sich der **Tatsache** der Befreiung gewiß sein, aber das »**wie**« wurde ihnen nicht entschleiert. Es sollte ihnen genügen, zu wissen, daß der »Ich bin« (mit euch) Mose gesandt hatte. Der Name Gottes, der aus den vier hebräischen Buchstaben Jod, He, Waw und He (JHWH) besteht, wird stets »*adonaj*« (HERR) ausgesprochen und von den Juden mit »der EWIGE« übersetzt. Der vierbuchstabige göttliche Name (griech.: *tetragramm*) beinhaltet das universale Heil, wie es der Apostel Petrus in der »Pfingstpredigt« sagt:

> »*Und es wird geschehen: jeder, der den **Namen** (J H W H) des HERRN anrufen wird, wird errettet werden*« *(Apg.2,21).*
> »*Und es ist in keinem anderen das **Heil** (Rettung); denn auch kein anderer **Name** (JESHUA) unter dem Himmel ist den Menschen gegeben, in dem wir errettet werden müssen*« *(Apg.4,12).*

In der Manifestation Gottes »**Ich bin**« wird sein unwandelbares **Wesen** ausgedrückt. In der Feststellung Gottes »**Ich will**« wird seine unwandelbare **Treue** ausgedrückt. Aber Mose schien immer noch Zweifel zu haben, denn er sprach zu dem EWIGEN:

> »*Sie werden mir nicht glauben und nicht hören auf meine Stimme!*« *(2.Mo. 4,1)*

Mose erhielt nun sichtbare Zeichen der göttlichen Macht, die sowohl ihn selbst als auch das Volk überzeugen sollten. Der Hirtenstab des Mose wurde zur Schlange (dem Symbol königlicher und göttlicher Macht im Diadem des Pharao), und seine Hand wurde aussätzig. Sollten diese beiden Zeichen nicht ausreichen, würde das Wasser des Nils in Blut verwandelt werden. Eigentlich hätte nun dem Gehorsam zur Ausführung des Auftrags nichts mehr im Wege stehen sollen, aber Mose argumentierte mit seinen »Sprachschwierigkeiten«:

> »*Ich bin kein Mann von Reden, weder seit gestern, noch seit vorgestern, noch seit du redest mit deinem Knecht, denn schwer von Mund und schwer von Zunge bin ich!*« *(2.Mo.4,10)*

Auf Grund dieser Stelle sind viele Ausleger der Meinung, daß Mose einen Sprachfehler gehabt und die Gelegenheit zur Heilung durch Gott verpaßt hätte. Die »Sprachlosigkeit« hatte aber möglicherweise andere Ursachen. Da war die Schwierigkeit mit der hebräischen Sprache, die Mose 40 Jahre lang nicht mehr gesprochen hatte, denn er lebte ja bei den Midianitern. Dazu hatte sich am Hofe Pharaos sicherlich einiges geändert, so daß Mose Schwierigkeiten mit der Etikette bei Hofe hatte. Auch die diplomatischen Formen bei Hofe konnten sich geändert haben. Mose fühlte sich einfach überfordert, eine so wichtige politische Aufgabe diplomatisch und sprachlich zu bewältigen. Doch der EWIGE machte Mose darauf aufmerksam, daß er es mit dem Schöpfergott zu tun hatte, der um seine Probleme wußte (2.Mo.4,11). Als Mose schließlich erkannte, daß es für ihn kein Zurück gab, versuchte er es mit der totalen Ablehnung:

»Bitte, HERR, sende, durch wen du sonst senden magst!« (2.Mo.4,13)

Mit anderen Worten: Ich will nicht, such dir einen anderen aus! Und obwohl Gott über Mose **zornig** wurde, kam er doch mit ihm zum Ziel (2.Mo.5,1), denn sein Ziel war die vollkommene **Erlösung**, und die geschah...

...durch das Blut 2.Mose 12

Mose bekam nun seinen Bruder Aaron, der in Ägypten lebte und die Israeliten vor Pharao vertrat, als »Dolmetscher« zur Seite (2.Mo.4,14-16; 7,2). Beide gingen wiederholt zu Pharao, der sich aber immer wieder gegen einen Auszug des Volkes stellte. Die Folge waren 10 Plagen, die über Ägypten kamen (2.Mo.7-10). Die letzte Plage war zugleich auch eine Glaubensprüfung für die Kinder Israel, denn der EWIGE setzte das »*Pessach*« (Passah) ein.

Die Erlösung kommt immer von außen, weil ein Gefangener sich nicht selbst befreien kann. Dazu ist ein Initiator nötig, der die Befreiung veranlaßt. Die Durchführung der Befreiung übernimmt ein Beauftragter – oft unter Einsatz seines Lebens. Während der Ablauf der Erlösung der Kinder Israel aus dem Diensthause Mizrajim durch den EWIGEN initiiert wurde, war der zur Durchführung der Befreiung Beauftragte Mose. Allerdings mußte er das nicht unter Einsatz seines Lebens tun, denn dazu hatte Gott das Pessach-Lamm vorgesehen.

Der gleiche Ablauf wiederholte sich bei der Erlösung der Menschheit aus der Knechtschaft der Sünde. Da der Mensch sich nicht selbst aus den Bindungen einer antigöttlichen Lebensgestaltung befreien kann, muß die Hilfe von außen kommen. Der Initiator der Befreiungsaktion war auch hier der EWIGE. Zur Durchführung der Befreiung hatte er den Messias Jesus beauftragt, der unter Einsatz seines Lebens die Menschheit mit seinem **Blut** erkauft hat.

Wie kann Blut diese erlösende Wirkung haben?

Im alten Bund konnte das Blut der Opfertiere nur eine zeitliche **Bedeckung** der Sünden bewirken. Darum mußten die Israeliten das Opfer ständig wiederholen (3.Mo.16,34; lies Hebr.10,1-18). Das Blut der Opfertiere war demnach unvollkommen. Doch das Blut des Lammes Gottes – Jesus – war vollkommen, denn es war rein und ohne Sünde. Warum? Weil JESUS von Seinem himmlischen Vater gezeugt worden war. Wäre Joseph sein Vater gewesen, hätte Jesus in der genetischen Kette seines irdischen Vaters auch dessen Sünde mit übernommen. Der Vater eines unehelichen Kindes kann durch einen Bluttest exakt festgestellt werden. Die genetische Kette im Blut des Vaters ist exakt identisch mit der des Kindes. Jesus hatte aber nicht das Blut von Joseph, dem Mann der Maria, sondern von Seinem himmlischen Vater. Jesus ist der Sohn Gottes und hat daher vollkommen reines Blut. Nur durch dieses Blut, das der Sohn Gottes für Sünder vergossen hat, ist der Mensch erlöst und mit Gott versöhnt worden.

Das Pessach-Fest

Alljährlich kehrt im Leben der Juden eine Nacht wieder, in welcher der Vater seinen Kindern erklärt, was es bedeutet, Jude zu sein. In einem jüdischen Kommentar zu den Festen heißt es, daß durch diese Nacht der Erinnerung der Atem einer lebenstrotzenden Nation voll unverwüstlicher Kraft weht. Da ertönt aber auch das Wehklagen einer leidgeprüften, von Feinden umstellten und doch im Unglück glücklichen Nation. Da erklingt das stolze Triumphlied einer nie besiegten, Staaten überdauernden Nation. Im Bewußtsein der Nähe Gottes und in der Gewißheit ihrer Heilszukunft singt sie jubelnd das Danklied. Das ist die Pessach-Nacht – die Nationalnacht des Judentums. Wer diese Nacht kennt, hat das Wesen des Judentums begriffen.

Am Vorabend zum Pessach-Fest – dem Seder-Abend – geht der Vater auf die Frage des Jüngsten in der Familie ein, was diese Nacht von allen anderen Nächten unterscheidet. Er bezieht sich dabei auf die Aufforderung Gottes in 2.Mose 13,8:

> *»Und tue kund deinem Sohn an demselbigen Tage mit den Worten: Um deswillen, was der EWIGE **mir** getan, als **ich** aus Ägypten zog.«*

Diese Formulierung bezieht den Erzählenden derart in das Geschehen mit ein, als sei er selbst aus dem Diensthaus Ägypten ausgezogen. Der Vater ruft nun die geschichtlichen Ereignisse ins Gedächtnis der anwesenden Familie zurück. Er beginnt mit den Katastrophen, die Gott über Ägypten kommen ließ und die zur Rettung und Freiheit Israels führten. Neun Plagen (Naturkatastrophen) hatte Pharao schon über sich und sein Volk ergehen lassen müssen, aber er ließ Israel dennoch nicht ziehen. So kündigte Mose ihm das letzte Gericht Gottes an, den Tod jeder Erstgeburt in Ägypten:

> *»Also spricht der EWIGE: Um die Mitternacht ziehe ich aus durch Mizrajim. Und sterben soll alle Erstgeburt im Lande Mizrajim, vom Erstgeborenen Pharaos, der sitzen wird auf dessen Thron, bis zum Erstgeborenen der Magd, der hinter der Handmühle, und alle Erstgeburt des Viehs. Und es wird sein ein großes Heulen im ganzen Lande Mizrajim, wie desgleichen nicht gewesen und desgleichen nicht wieder sein wird. Aber gegen alle Kinder Israel wird kein Hund seine Zunge spitzen, weder gegen Menschen noch Vieh, damit ihr erkennet, daß Gott unterscheidet zwischen Mizrajim und Israel«* (2.Mo.11,4-7).

Die Androhung der Tötung der Erstgeburt schloß alle lebenden Generationen vom Neugeborenen bis zum Urgroßvater ein. Allerdings sollte Israel sich auf diesen Tag in besonderer Weise einstellen. Gott begann damit, diesen Monat als ersten Monat der jüdischen Jahresrechnung anzuordnen, denn zu diesem Zeitpunkt sollte die Geschichte Israels in wunderbarer Weise ihren Anfang nehmen. Endlich war es soweit. Ein Volk, das in nur 215 Jahren aus den Sippen der 12 Stammväter zu einem Millionenvolk angewachsen war, sollte nun als Volk freier Menschen in das von Gott verheißene Land Kanaan ziehen. Nach dieser Pessach-Nacht begann ein neuer Tag, eine neue Epoche brach an.

Am 10.Tag dieses ersten Monats sollte jeder Hausvater ein einjähriges, fehlerloses, männliches Schaf- oder Ziegenlamm nehmen und es bis zum vierzehnten Tag beobachten, um sicherzugehen, daß es in jeder Hinsicht wirklich fehlerlos und ohne Makel war. Dann sollte das Tier zwischen Sonnenuntergang und Einbruch der Dunkelheit geschlachtet werden. Die Lämmer wurden nun in den Häusern zum Essen zubereitet, und zwar mußten sie ganz, mit Kopf, Schenkeln und Innereien, gebraten werden. Kein Knochen durfte gebrochen werden. Die Tiere durften weder roh noch gekocht verzehrt werden. Alles, was nicht gegessen werden konnte, mußte verbrannt werden. Dazu wurden ungesäuertes Brot und bittere Kräuter gegessen – Zeichen des eiligen Aufbruchs und der letzten Erinnerung an das durch die Ägypter unterdrückte Leben. Das Lamm wurde aber nicht während einer gemütlichen Feier, wie etwa einer Grillparty, verzehrt, sondern alle Anwesenden sollten zum Aufbruch fertig sein; so, als ob jemand vor einer großen Reise fix und fertig angezogen und auf Koffern sitzend eine letzte Mahlzeit zu sich nimmt.

Die hereinbrechende letzte Katastrophe war aber auch eine Glaubensprüfung für die Kinder Israel, denn der EWIGE setzte das »*Pessach*« (Passah) ein, das soviel wie »überspringen«, »vorübergehen« oder »auslassen« bedeutet.

*»Und ich werde ziehen durch das Land Mizrajim in dieser Nacht, und schlagen alle Erstgeburt im Lande Mizrajim von Mensch bis Vieh, und an allen Göttern Mizrajims werde ich Strafgericht üben, ich, der EWIGE! Das **Blut** sei euch zum Zeichen an den Häusern, in welchem ihr seid, und ich werde das **Blut** sehen, und werde über euch wegschreiten, und es wird euch keine verderbliche Plage treffen, wenn ich im Lande Mizrajim schlage« (2.Mo.12,12-13).*

Das **Blut** sollte an die Türpfosten und an die Oberschwelle des Hauses gestrichen werden. Danach durfte niemand mehr das Hause verlassen. Dabei ging es aber nicht um das »Blutvergießen«, sondern um die »Anwendung«, ohne die es keine Rettung gab. Ohne die **Anwendung** des Blutes wäre das Lamm vergeblich geschlachtet worden. Wo aber das Blut an die Türpfosten und an die Oberschwelle des Hauses gestrichen wurde, bildete es den Schutz vor dem Gericht des EWIGEN. Damit wurde das Blut zum **Lösegeld**.

Israel war in Ägypten ein unfreies Volk, das zwar in seiner Umgebung »frei« war, aber das Land nicht verlassen durfte, weil es für Pharao eine billige Arbeitskraft war. Es mußte **freigekauft** werden; dieses tat der EWIGE durch das Pessach-Lamm. Er **erkaufte** sich damit alle Erstgeborenen seines Volkes zum Eigentum.

»Und der EWIGE redete zu Mose und sprach: Heilige mir alles Erstgeborene, was den Mutterleib erschließt, bei den Kindern IS-RAEL, bei Menschen wie bei Vieh, mein ist es« (2.Mo.13,1.2).

In dieser Pessach-Nacht gab es in jedem Haus einen Toten – bei den Ägyptern war es der erstgeborene Sohn (von allen lebenden Generationen) – bei den Hebräern war es ein Lamm.

Wie kann Tierblut aber solch eine erlösende Wirkung haben und als **Lösegeld** Anwendung finden?

Im Hebräerbrief wird berichtet, daß der Messias selbst, mit seinem eigenen Blut, ein für allemal in das Heiligtum hineingegangen ist und eine **ewige Erlösung** erworben hat (Hebr.9,12). Da alles, was später im jüdischen Opferkult und durch die Gesetze praktiziert wurde, **Abbilder** der himmlischen Dinge und **Schatten** der zukünftigen Güter sind, ist das Blut des Pessach-Lammes in seiner Bedeutung ein »**Schatten**« des Blutes des Messias (Hebr.9, 23; 10,1). Dazu schrieb der Apostel Paulus an die Gemeinde in Korinth, daß der Messias unser Pessach-Lamm ist, das für uns geschlachtet wurde (1.Kor.5,7), denn wir sind um einen Preis **erkauft** worden (1.Kor.6,20; 7,23) mit dem **Blut** des Lammes Gottes (Offb.5,9). Jesus hat uns **losgekauft** von dem Fluch des Gesetzes (Gal.3,13). Er hat die, welche unter dem Gesetz waren, **losgekauft**, damit wir die Sohnschaft empfingen (Gal.4,5). Er hat sich für uns gegeben, damit er uns **loskaufte** von aller Gesetzlosigkeit (Titus 2,14). In ihm haben wir die **Erlösung** durch sein **Blut** (Eph.1,7), die **Vergebung** der Sünden (Kol.1,14). Das hat der Apostel Petrus mit Worten ganz im Stile von 2.Mose 12 unterstrichen, denn wir sind **erlöst** mit dem **kostbaren Blut** des Messias, als eines **Lammes** ohne Fehler und ohne Flecken (1.Petr.1, 18.19).

Damit ist der Messias Jesus die personifizierte Erfüllung des Pessach-Lammes, ohne Fehler und männlich (2.Mo.12,5), an dem **keine** Schuld gefunden wurde, denn niemand konnte ihn auch nur **einer** Sünde überführen (Joh.8,46).

Warum? Weil Jesus der Sohn Gottes ist und als Mensch seinem Vater gehorsam war – gehorsam bis zum Tode am Kreuz – darum wurde er, der Sünde nicht kannte, für uns zur Sünde gemacht (2.Kor.5,21).

Dem Pessach-Lamm sollten keine Knochen zerbrochen werden (2.Mo.12,46), wie auch Jesus die Beine nicht gebrochen wurden, als er am Kreuz als das Lamm Gottes für uns starb (Joh.19,33). Doch Jesus ist weit mehr als das Pessach-Lamm, welches Jahr für Jahr bis zur Zerstörung des zweiten Tempels geschlachtet wurde. Er ist das Lamm, das die Menschen nicht nur aus der Knechtschaft anderer Menschen

erlöst und **losgekauft** hat, sondern auch aus der Knechtschaft der Sünde. Nur wer das Blut des Lammes anwandte, wurde vor dem Zorn des EWIGEN bewahrt. Diesen Schutz des Blutes braucht der Mensch jeden Augenblick seines Lebens zur **Bewahrung** *vor* **Sünden** und zur **Reinigung** *von* **Sünden**, denn...

> »...das Blut JESU, seines Sohnes, **reinigt** uns von jeder Sünde« (1.Joh.1,7).

Und so feierte Jesus mit seinen Jüngern ganz selbstverständlich das Pessach-Fest in Jerusalem. Als ihr Rabbi, d. h. ihr Lehrer, leitete er den Seder-Abend, wie es die Hausväter in allen Familien taten. Das berichtet der Evangelist Lukas:

> *»Und er sprach zu ihnen: Mit Sehnsucht habe ich mich gesehnt, dieses Passah mit euch zu essen, ehe ich leide. Denn ich sage euch, daß ich es gewiß nicht mehr essen werde, bis es erfüllt sein wird im Reich Gottes. Und er nahm einen Kelch, dankte und sprach: Nehmt diesen und teilt ihn unter euch! Denn ich sage euch, daß ich nicht von dem Gewächs des Weinstocks trinken werde, bis das Reich Gottes kommt. Und er nahm Brot, dankte, brach und gab es ihnen und sprach: Dies ist mein Leib, der für euch gegeben wird. Dies tut zu meinem Gedächtnis! Ebenso auch den Kelch **nach** dem Mahl und sagte: Dieser Kelch ist der neue Bund in meinem Blut, das für euch vergossen wird« (Luk.22,15-20).*

Anmerkung:
Der Seder-Abend (hebr.: *seder* = Ordnung) ist der Vorabend zum Pessach-Fest und entspricht dem »Gründonnerstag« der Kirchen.

Was Jesus allerdings an diesem Seder-Abend vor seinem Kreuzestod tat, sprengte die sonst übliche Zeremonie des Abends. Da sind **vier** Becher Wein, aus denen getrunken wurde, wobei sich die jüdische Tradition auf die Thora (5 Bücher Mose) bezieht:

> *»Darum sprich zu den Kindern Israel: Ich bin der EWIGE. Und ich werde euch **wegführen**, hervor unter den Lastarbeiten Mizrajims, und werde euch **erretten** aus ihrem Dienst, und werde euch **erlösen** mit ausgestrecktem Arm und mit großen Strafgerichten. Und werde euch **annehmen** mir zum Volke und werde euer Gott sein...«* (2.Mo.6,6.7).

Der **erste** Becher erinnert an die Wegführung aus Ägypten. Der **vierte** Becher erinnert daran, daß der EWIGE sein Volk angenommen hat. Nach dem Bericht des Evangelisten Lukas nahm Jesus den **zweiten** Becher, der an die **Rettung** erinnert, mit den Worten, daß er nicht mehr vom Gewächs des Weinstocks trinken werde, bis das Königreich Gottes komme. Aus diesem Becher wird *vor* dem eigentlichen Mahl getrunken. Danach nahm Jesus das Brot – also die Matza – und indem er sie brach, wie es dem jüdischen Brauch entsprach, sagte er, daß er diese Matza sei, die für Menschen gebrochen werde. Nach dem Mahl nahm Jesus den **dritten** Becher, der an die **Erlösung** erinnert, und übertrug ihn auf den neuen Bund in seinem **Blut**, das für viele vergossen werde, zur Vergebung der Sünden. Damit hat Jesus alle Voraussetzungen des Pessach-Festes und des Pessach-Lammes erfüllt. Er ist an dessen Stelle getreten.

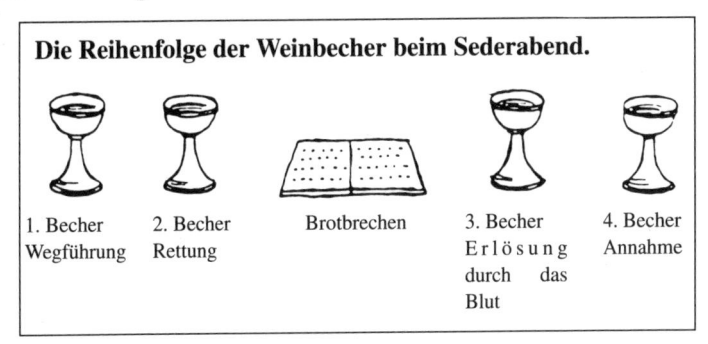

Die Reihenfolge der Weinbecher beim Sederabend.

1. Becher	2. Becher	Brotbrechen	3. Becher	4. Becher
Wegführung	Rettung		Erlösung durch das Blut	Annahme

Die Führung

Durch Gottes Führung zog Israel auf **einen** Tag aus Ägypten. Etwa 2 1/2 Millionen Menschen standen bereit, um **hinwegzueilen**. In dieser Haltung sollte auch das Pessach-Lamm gegessen werden, während eine große Totenklage das ganze Land durchzog, die selbst am Hof des Pharao zu hören war. Da war es nur verständlich, daß die Hebräer als auslösende Ursache förmlich aus dem Land gejagt wurden.

Nun überließ der EWIGE sein Volk aber nicht einem blinden Schicksal, sondern er übernahm die Führung, indem er sich an die Spitze stellte, für alle weithin sichtbar in der Wolken- und Feuersäule.

Die Wolken- und Feuersäule
2.Mose 13-14

Die Wolken- und Feuersäule wies hin auf
- die ständige Gegenwart des EWIGEN (2.Mo.13,22)
- die rechte Führung des Volkes (2.Mo.13,21)
- den rechten Schutz für sein Volk (2.Mo.14,20)

Diese Wolken- und Feuersäule war nichts anderes als die **Herrlichkeit** des EWIGEN (hebr.: *schechinah*). Die Schechinah erfüllte später die Stiftshütte (2.Mo.40,34) und auch den Tempel Salomos (1.Kö.8,10). Bei der Berufung Jesajas zum Prophetendienst wurde der Tempel von Rauch erfüllt, der identisch ist mit der Herrlichkeit des EWIGEN (Jes.6,4). Der Prophet Hesekiel sah, wie die Schechinah den Tempel verließ und damit das Heiligtum der Zerstörung durch die Babylonier freigab (Hes.11,23). Daniel sah sogar die Gestalt eines Menschensohnes umhüllt mit der Schechinah, einer himmlischen Wolke gleich (Dan.7,13). Diese »Wolke der Herrlichkeit« nahm auch Jesus vor den Augen seiner Jünger auf, als er »gen Himmel fuhr« und zu seinem Vater zurückging (Apg.1,9). Und so wird Jesus in der Schechinah für alle Augen sichtbar wiederkommen (Apg.1,11; Luk.21,27).

Die Wolken- und Feuersäule wies aber auch auf die Gegenwart des Heiligen Geistes hin. So ruht er, der »Geist der Herrlichkeit«, auf denen, die Jesus angehören (1.Petr.4,14). Und er wird sie in alle Wahrheit **führen** (Joh.16,13). Dieser Heilige Geist, den jeder Mensch bei seiner Umkehr zu Jesus empfangen hat und mit dem er versiegelt ist (Eph.1,13), bleibt **in** ihm (Joh.14,17).

Israel schaute nun am Tage auf die Wolkensäule und bei Nacht auf die Feuersäule und orientierte sich an ihrer Bewegung. So ist es auch mit dem Heiligen Geist, der die Erlösten **führt**. Wer für die Führungen des Heiligen Geistes in seinem Leben sensibel ist, wird auch das Ziel erreichen!

Die Herrlichkeit des HERRN

Der Begriff **Herrlichkeit** nimmt in der Bibel eine zentrale Stellung ein. Das hebräische *kabod* (griech.: *doxa*) ist von Luther mit **Ehre** übersetzt worden. Mit Herrlichkeit wird die Hoheit und Majestät Gottes sowie der überirdische Lichtglanz, der von seiner Nähe ausgeht, beschrieben. Der Psalmist hat die Herrlichkeit Gottes mit einem Lichtkleid umschrieben, welches der EWIGE trägt (Ps.104,2). Das hatten die Kinder Israel am Berg Sinai mit eigenen Augen gesehen, denn der Anblick der Herrlichkeit des EWIGEN war wie ein verzehrendes Feuer auf dem Gipfel des Berges (2.Mo.24,17). Der Beschreibung der Herrlichkeit des EWIGEN mit **Licht** und verzehrendem **Feuer** hat der Prophet Hesekiel den **Glanz** hinzugefügt, der den Vorhof des Tempels erfüllte (Hes.10,4). Der Mensch sieht demnach immer nur das, was er mit seinen Augen wahrnehmen kann, d.h. er sieht den **Lichtglanz** der Herrlichkeit, aber niemals den EWIGEN selbst.

Als Mose vom Berg Sinai mit den Geboten Gottes herabkam, hatten die Kinder Israel unter Mitwirkung Aarons ein goldenes Kalb gegossen, welches sie anbeteten (2.Mo.32). Nachdem das Volk für diesen Götzendienst Buße getan und sich gereinigt hatte, bat Mose den EWIGEN für das Volk (2.Mo.33,12f). Als Gott daraufhin die Zusage gab, daß Sein Angesicht vorangehen würde, bat Mose um den Vorzug, die Herrlichkeit Gottes sehen zu dürfen (2.Mo.33,18). Dabei sollte der Ausdruck »deine Herrlichkeit« die Anrede »dich selbst« in huldigender Ehrerbietung ersetzen. Doch es ist unmöglich, daß ein Sterblicher Gott schauen kann. Nur ihm nachschauend, gleichsam nur rückwärts blickend, nur in den von ihm ausgehenden Wirkungen und Eindrücken war es Mose möglich, sich eine Vorstellung von dem EWIGEN zu machen (2.Mo.33,23).

Während die Herrlichkeit beim Menschen, z.B. bei hochgestellten Persönlichkeiten, mit irdischem Reichtum, Prunk, Ansehen und Macht gleichgesetzt wird, steht die Herrlichkeit des EWIGEN immer mit seinem Offenbarungshandeln in Zusammenhang. So erschien die Herrlichkeit des HERRN den Kindern Israel, als er ihnen das Manna zu essen gab (2.Mo.16,7). Und obwohl das Volk die Herrlichkeit des HERRN immer wieder erfahren hatte, murrte es beständig, so daß der HERR sagen mußte:

»Fürwahr aber, so wahr ich lebe und der Herrlichkeit des EWIGEN voll ist die ganze Erde...sie werden das Land nicht sehen!« (4.Mo.14,21-23).

Nach jüdischer Tradition heißt es, daß Gott mit dieser Aussage darauf hinweisen wollte, daß er der Allmächtige ist. Und wie alle Völker der Erde Seinem Namen Herrlichkeit und Ehrerbietung zuerkennen würden, so wahr würde Gott mit Vergeltungsmaßnamen die heimsuchen, die Seinem Versprechen mißtrauten und das gute Land verschmähten.

Darum hatte König David dazu aufgefordert, unter den Nationen von der Herrlichkeit des EWIGEN zu sagen und unter den Völkern seine Wunder kundzutun (1.Chro.16,24), denn »die Himmel erzählen die Herrlichkeit Gottes« (Ps.19,2a). So spricht der HERR der Heerscharen:

> *»Noch einmal – wenig Zeit ist es noch – und ich werde den Himmel und die Erde und das Meer und das Trockene erschüttern. Dann werde ich alle Nationen erschüttern, und die Kostbarkeiten aller Nationen werden kommen, und ich werde dieses Haus mit Herrlichkeit füllen...die Herrlichkeit dieses künftigen Hauses wird größer sein, als die des früheren...und an diesem Ort will ich Frieden geben, spricht der HERR der Heerscharen« (Haggai 2,6-9).*

Diese Verheißung fand ihre Erfüllung in der Gemeinde Jesu, die als Tempel des Heiligen Geistes den HERRN verherrlichen soll, »damit er den Reichtum Seiner Herrlichkeit an den Gefäßen der Begnadigung kundtue, die er zur Herrlichkeit vorher bereitet hat« (Rö.9,23).

Jesus – Abglanz der Herrlichkeit Gottes

Im Brief an die Hebräer heißt es, daß der Sohn der **Abglanz** der Herrlichkeit Gottes ist, wie auch das **Ebenbild** seines Wesens (Hebr.1,3). Damit ist Jesus die sichtbare Herrlichkeit im Offenbarungshandeln des Vaters. Diese Herrlichkeit hatte der Evangelist Johannes gesehen, als eine Herrlichkeit des Einziggezeugten vom Vater, voller Gnade und Wahrheit (Joh.1,14). Weil aber die Obersten dieser Welt Seine Herrlichkeit nicht erkannt hatten, schlugen sie den HERRN der Herrlichkeit an das Kreuz (1.Kor.2,7.8). Auch Jakobus hatte darauf hingewiesen, daß der Messias Jesus der HERR der Herrlichkeit ist (Jak.2,1). Er besitzt diese Herrlichkeit, über die er souverän verfügt.

Die Herrlichkeit Jesu, die sich in seinem Wirken offenbarte, umfaßte Seine Geburt, Sein Leben, Sein Leiden und Sein Sterben. Diese Herrlichkeit gipfelte in Seiner Auferstehung von den Toten. So fragte Jesus seine Jünger:

> *»Mußte nicht der Christus dies leiden und in seine Herrlichkeit eingehen?« (Luk.24,26)*

Das unterstreicht der Apostel Paulus, denn der Messias ist durch die Herrlichkeit des Vaters von den Toten auferweckt worden (Rö.6,4). Zusammenfassend stellt Paulus fest, daß Gott **in** JESUS
– sich geoffenbart hat im Fleisch,
– gerechtfertigt ist im Geist,

- den Jüngern nach der Auferstehung von den Toten erschienen ist,
- den Nationen verkündigt,
- von der Welt geglaubt und
- in Herrlichkeit aufgenommen worden ist (1.Tim.3,16).

Und die Gemeinde hält Ausschau in glückseliger Erwartung der Erscheinung der Herrlichkeit des großen Gottes und ihres Retters, des Messias Jesus (Titus 2,13). Warum? Weil sie mit ihm in Herrlichkeit offenbar wird, wenn er kommt (Kol.3,4), womit die Entrückung gemeint ist, denn Paulus schrieb an die Gemeinde in Korinth, daß sie auferstehen werde in Herrlichkeit (1.Kor.15,43).

Aber nicht nur Jesus ist der Abglanz der Herrlichkeit Gottes, sondern auch der **Heilige Geist**, der auf den Versiegelten ruht (1.Petr.4,14). Er, der Geist Gottes, ist ein Geist der Herrlichkeit und der Kraft (Eph.1,18.19).

Die Herrlichkeit der Erlösten

Wie bereits festgestellt wurde, sind die Erlösten in seine Herrlichkeit mit einbezogen, denn er hat sie berufen zu seinem Reich und zu seiner Herrlichkeit (1.Thess.2,12). So schrieb der Apostel Petrus, daß der Gott aller Gnade, denen, die er berufen hat zu seiner ewigen Herrlichkeit in dem Messias Jesus (1.Petr.5,10), auch die Kraft geben wird, denn er hat sie berufen durch seine Herrlichkeit (2.Petr.1,3).

Im »Hohenpriesterlichen Gebet« betet JESUS zum Vater:

»*Die Herrlichkeit, die du mir gegeben hast, habe ich ihnen gegeben, daß sie eins seien, wie wir eins sind. Ich in ihnen und du in mir...Vater, ich will..., daß sie meine Herrlichkeit schauen*« *(Joh.17,22-24).*

Petrus stellt die Herrlichkeit des Menschen der Herrlichkeit des **Wortes Gottes** gegenüber, denn die Herrlichkeit des Menschen ist vergänglich wie Gras, das verdorrt, aber Gottes Wort bleibt in Ewigkeit (1.Petr.1,24). Und doch hat er seine Gemeinde dazu ausersehen und berufen, damit er sie rechtfertige und **verherrliche** (Rö.8,30). Und so soll die Gemeinde ihn verherrlichen (lies 2.Kor.3,7-4,6).

»Umleitung«

Dieses Wort, auf so vielen Schildern im Straßenverkehr zu lesen, ruft oft Unbehagen hervor. Wir ärgern uns über Umwege und schimpfen. Ist das nicht oft auch im geistlichen Leben so? Manch einer hat konkrete Vorstellungen, wie sein Leben mit Gott aussehen soll. Die Zukunft wird verplant, und nun soll Gott alles absegnen. Dabei wird vergessen, daß er die Führung vom Tage der Erlösung an übernommen hat. Vom dem Tage an, als Israel Ägypten verlassen hatte, führte der EWIGE sein Volk! Er führte aber nicht direkt zum Ziel, denn der kürzeste und bequemste Weg muß nicht auch der »richtige« Weg sein. Vielmehr machte er sich Gedanken, die er dem Volk mitteilte:

*»Und es geschah, als Pharao das Volk ziehen ließ, da **führte** sie Gott nicht den Weg in das Land der Pelischtim, der doch nahe war, denn Gott sprach: Daß nicht das Volk anderen Sinnes würde, wenn sie Krieg sehen, und zurückkehren nach Mizrajim. Und Gott ließ das Volk einen **Umweg** nehmen durch die Wüste des Schilfmeeres«* (2.Mo.13,17.18a).

Anmerkung:
Die **Pelischtim** sind die Philister, die im Lande Kanaan wohnten, das **so nahe** war, daß Israel es in etwa elf Tagen hätte erreichen können!

Israel war ein unterdrücktes Volk, das militärisch unerfahren war und keine Schlachtordnungen kannte. Es hatte auch keine Waffen. Und es gab noch keine einheitliche Gemeinschaftsordnung (Gesetz), so daß Israel im eigentlichen Sinn noch gar kein Volk war. Vielmehr war es ein Stammesverband. Doch Gott wollte ihm seine Ordnungen geben, und deshalb mußte er es einen anderen Weg – eine **Umleitung** – führen. Mose gab als Mittler Gottes Gedanken an Israel weiter.

»Und der EWIGE redete zu Mose und sprach: Rede zu den Kindern Israel, daß sie umkehren und lagern vor Pi-Hachirot, zwischen Migdol und dem Meere« (2.Mo.14,1.2).

Kaum hatte der Auszug begonnen, da geriet er auch schon ins Stocken. Das Volk erhielt den Befehl zum Rückmarsch, einen Befehl, der das Vertrauen in seinen Führer folgerichtig erschüttern mußte. Anstatt den Marsch nach Nordwesten fortzusetzen, sollten die Israeliten nun nach

Süden abschwenken. Gott handelt aber nie gedankenlos, sondern nach einem Plan. Was das Volk noch nicht erkennen konnte, wußte Gott schon. Hinter seinem Führen stand ein **göttlicher Gedanke**, denn so spricht der EWIGE:

> *»Meine Gedanken sind nicht eure Gedanken, und eure Wege sind nicht meine Wege. Denn so viel der Himmel höher ist als die Erde, so sind meine Wege höher als eure Wege und meine Gedanken als eure Gedanken« (Jes.55,8.9).*

Die **Umleitung** bewahrte Israel vor feindlichen Angriffen. So konnte Gott seine Kraft offenbaren und das Heer des Pharao vernichtend schlagen. Es war Gottes Absicht, in der Stille und Abgeschiedenheit der Wüste dem Volk das Gesetz zu geben und die Landnahme Kanaans organisatorisch vorzubereiten. Die eigentliche Absicht aber, die hinter dieser **Umleitung** stand, war die Glaubensprüfung: Würde Israel seinem Gott auch in den folgenden Schwierigkeiten vertrauen?

Das Schilfmeer
2.Mose 14

Gottes **Umleitung** führte das Volk direkt in eine **Sackgasse**. Sie saßen in einer Falle, umgeben von der Wüste, dem Schilfmeer (die Bitterseen) und der militärischen Grenzfestung Migdol (der Turm). Nachdem sich Pharao vom Schock der getöteten Erstgeborenen erholt hatte, schien es nun eine Kleinigkeit zu sein, die Hebräer wieder zurückzutreiben. Manchmal scheint das Leben eines Christen auch in eine Sackgasse einzumünden, aus der es scheinbar keinen Ausweg gibt. Dann stellt sich die Frage, welche Absicht Gottes dahinter steht, denn so spricht der EWIGE:

> *»Ich will mich verherrlichen an Pharao und an seiner ganzen Macht, und die Mizrajim sollen erfahren, daß ich der EWIGE bin« (2.Mo.14,4).*

Israel bestand diese Glaubensprüfung, denn im Vertrauen auf Gottes Führung ging es durch das Meer (Hebr.11,29). Während die Feinde vernichtet wurden, erlebte Israel seine wunderbare Rettung. Daraus hatte das Volk eine wichtige Lektion gelernt: »Der EWIGE wird für uns streiten, und wir werden stille sein« (2.Mo.14,14). Aber auch das wurde gelernt, was König David später in einen Psalm bekannte:

*»Von **hinten** und **vorn** hast du mich umschlossen, du hast deine Hand **auf** mich gelegt« (Ps.139,5).*

*»Und der Engel Gottes brach auf, der **vor** dem Lager Israels zog, und ging **hinter** ihnen her, und die Wolkensäule brach auf von **vorn** und stand **hinter** ihnen« (2.Mo.14,19).*

Gottes Absichten haben immer Glaubenserfahrungen zum Ziel. Israel sah die getöteten Feinde, die durch ein Wunder geschlagen worden waren, und erkannte darin die Kraft Gottes:

»Und Israel sah die gewaltige Hand, welche der EWIGE betätigte an Mizrajim, und das Volk fürchtete den EWIGEN und sie glaubten an den EWIGEN und an Mose, seinen Diener« (2.Mo.14,31).

So entstand das erste **Anbetungslied** (2.Mo.15). Und doch mußte Israel noch viele Glaubensprüfungen bestehen, bevor es am Ziel der Verheißung – in Kanaan – ankommen konnte.

Marah
2.Mose 15,22-27

Ein geistliches Führungsprinzip Gottes lautet: Von der Stätte des Segens zum Ort der Prüfung. Das bedeutete für das Volk Israel, eine Dreitagereise vom Schilfmeer mit seinen Segnungen in die Wüste Schur zu unternehmen. Der Ort der Prüfung wurde als sehr bitter empfunden, was in seiner Bezeichnung zum Ausdruck kommt: **Marah** (Bitterkeit). Es war also ein Ort der **falschen Hoffnung**, der **Enttäuschung**. Hier prüfte Gott das Vertrauen seines Volkes, das ganz menschlich reagierte. Es murrte und lud seine ganze Enttäuschung auf Mose ab, der an dieser Situation schuld war. Schließlich hatte er das Volk in die Wüste geführt. Nun sollte er auch für Wasser sorgen. Darum schrie Mose zu dem EWIGEN, der ihm ein Zeichen gab. Durch ein **Holz**, das Mose in das nicht genießbare Wasser warf, wurde dieses trinkbar. Im Zusammenhang mit der Prüfung wurde das Volk »Satzung und Recht« gelehrt (2.Mo.15,25). Damit zeigte Gott dem Volk, daß das entscheidend Wichtige ein unbedingter Glaube an seine Führung ist, der seinen Ausdruck in williger Unterwerfung unter seinen Willen finden mußte.

Und das gilt es für jeden Christen zu lernen, daß durch das **Holz** – das ist das **Kreuz** – ein Leben der Sünde und Bitterkeit, wie auch der falschen Hoffnungen und Enttäuschungen **geheilt** werden kann. Gottes

Prüfungen werden zu Stunden des Segens, wo in der Gemeinschaft des Kreuzes Jesu allem Bitteren – sogar dem Tod – der Stachel genommen wird (1.Kor.15,55), denn...

> *»Gott aber ist treu, der nicht zulassen wird, daß ihr über euer Vermögen versucht werdet, sondern mit der Versuchung auch den Ausgang schaffen wird, so daß ihr sie ertragen könnt« (1.Kor.10,13).*

Bevor das Volk Israel weiterzog, gab Gott ihm noch eine wunderbare Verheißung mit auf den Weg:

> *»Ich, der EWIGE, bin dein Arzt« (2.Mo.15,26).*

Wie ein Arzt Gehorsam verlangt – allerdings nur im Interesse der Gesundheit des Patienten –, so sind auch die Befehle des »himmlischen Arztes« zu beachten.

Elim
2.Mose 15,27–16,3

Nach der Stätte der Prüfung folgte die Erquickung in **Elim** (Terebinthen). Es war ein herrlicher Platz mit frischem Wasser und schattigen Bäumen. Wer hätte nicht an einem solchen Platz rasten mögen? Aber es ging weiter. Es mußte weitergehen zu neuen Erfahrungen mit dem EWIGEN.

Auffallend ist, daß bisher immer vom **Volk** oder von den **Kindern Israel** die Rede war. Nun wird zum erstenmal die Bezeichnung »**Gemeinde**« gebraucht. Aus einem unterdrückten Stammesverband, der sich zwar seiner gemeinsamen Wurzeln durch die Abstammung von seinem Vater Israel bewußt war, wurde eine Gemeinde. Israel wurde **herausgerufen**, um in einer besonderen Weise dem EWIGEN zu dienen. Durch Gottes Führungen und Prüfungen hatte das Volk in wenigen Wochen ein Gemeinschaftsbewußtsein entwickelt, das in der Bezeichnung »die Herausgerufene« (griech.: *ecclesia*) zum Ausdruck kam.

Inzwischen war die ganze Gemeinde der Kinder Israel schon 30 Tage unterwegs. Die Kinder Israel zogen in Richtung des Sinaigebirges in die Wüste Sin. Die Lebensumstände wurden scheinbar immer schwieriger. Hinter ihnen lagen die Tage der ungesäuerten Brote. Viel Proviant hatten sie bei dem plötzlichen Aufbruch aus Ägypten auch nicht mitnehmen können. So murrte das Volk zum wiederholten Male. Es erinnerte sich an die Knechtschaft, wo es zwar keine Freiheit hatte und hart arbeiten mußte, aber dort hatte es wenigstens genügend zu essen und zu trinken (2.Mo.16,2.3).

Manche Christen befinden sich in der gleichen Situation. Oft denken sie an die Zeit vor ihrer Umkehr zu Gott zurück. Sie liebäugeln mit den Angeboten der Welt, obwohl in Jesus das Leben im Überfluß zu haben ist (Joh.10,10).

Das Manna
2.Mose 16,4-36

Wieder hatte das Volk die leitende Hand Gottes erfahren. Er ließ Brot vom Himmel regnen, und das 40 Jahre lang, mit der Absicht, daß die Kinder Israel erkennen sollten, daß der EWIGE ihr Gott war (2.Mo.16,12).

> **Anmerkung:**
> Im hebräischen Text von 2.Mo.16,15 heißt es: **Man ist das**. Die jüdische Tradition vermutet, daß die Israeliten in Ägypten eine Speise hatten, die dem **Man** sehr ähnlich war, weshalb sie es **Man** nannten. Obwohl es in 5.Mose 8,3 heißt, daß weder das Volk noch seine Väter das Man gekannt hätten, ist darin kein Widerspruch zu sehen. Israel kannte die »himmlische« Speise in der Wüste wirklich nicht. Sie sah nur so aus wie Man, eine Speise, die das Volk in Ägypten gegessen hatte. *Manna ist die griechische Bezeichnung.*

Nun sollte am Morgen jeder soviel Manna sammeln, wie er für den jeweiligen Tag zum Leben brauchte – der eine viel, der andere wenig. Jeden Tag mußten sich die Menschen die Mühe machen und von neuem sammeln, mit Ausnahme des sechsten Tages. Da sollte die doppelte Menge gesammelt werden, denn der siebente Tag war der Schabbath – der Tag der Ruhe.

Das ist ein wunderbares Bild für die »Stille Zeit«, denn auch für einen Christen ist es sicher sinnvoll, wenn nicht gar notwendig, jeden Morgen das »Brot des Lebens« zu sammeln, d.h. die Bibel zu lesen. Jeder so viel und so lange, bis er **satt** ist. Dann wird er die Herrlichkeit des EWIGEN erkennen (2.Mo.16,7.12b). Jesus hatte gesagt:

> *»Nicht vom **Brot** allein soll der Mensch leben, sondern von jedem **Wort** Gottes« (Luk.4,4).*

Dabei hatte er sich auf die Thora (5 Bücher Mose) berufen, in der geschrieben steht:

> *»Und er ließ dich leiden und dich hungern und speiste dich mit dem Man, das du nicht gekannt und nicht gekannt deine Väter, um dich zu lehren, daß nicht durch das Brot allein der Mensch lebt, sondern durch alles, was aus dem Munde des EWIGEN geht, lebt der Mensch« (5.Mo.8,3).*

In diesem Zusammenhang berichtet der Prophet Jeremia, daß er die empfangenen Worte Gottes **gegessen** habe, die ihm dann zur Wonne und Freude seines Herzens wurden, denn über ihm war der Name des EWIGEN, des Gottes der Heerscharen, ausgerufen (Jer.15,16).

Das Manna ist aber auch ein wunderbares Bild für den Messias Jesus. Er sagte, indem er das Manna auf sich selbst übertrug, daß Er das Brot des Lebens sei (lies Joh.6,31-36.48-51).

Das Wasser aus dem Felsen
2.Mose 17,1-7

Es ist erstaunlich, wie sich alles wiederholt. Obwohl Gott seinem Volk geholfen hatte, als es in Not war, hatte es nicht gelernt, ihm auch weiterhin zu vertrauen. An der neuerlichen Notlage wurde Mose die Schuld gegeben, ja, das Volk wollte ihn sogar steinigen.

Diese Unzufriedenheit und Auflehnung gegen Leiter, die von Gott eingesetzt worden sind, ist auch heute in manchen Gemeinden zu beobachten. Zank und Streit rufen Trennungen hervor und zerstören die Gemeinschaft. Das ist nicht Gottes Wille, das ist Rebellion gegen seine Pläne!

In der Geschichte Israels haben alle Orte der Wüstenwanderung Bezeichnungen bekommen, die der jeweiligen geistlichen Situation entsprachen. So bedeute **Massah** und **Meribah** Versuchung und Zank, weil die Kinder Israel an der Gegenwart Gottes zweifelten (2.Mo.17,7). Mose bekam von Gott den Auftrag, mit seinem Stab auf den Felsen zu **schlagen**, so daß Wasser herausfloß. Vierzig Jahre später wiederholte sich diese Situation. Auch dort murrte das Volk, weil es kein Wasser hatte. Inzwischen war es aber die zweite Generation, denn alles Volk, das über 20 Jahre alt war, durfte nicht nach Kanaan einziehen, sondern mußte in der Wüste sterben (4.Mo.14,29). Die Kinder hatten die rebellische Einstellung von den Eltern übernommen. Auch Mose handelte gegen Gottes Befehl. Sollte er zu Beginn des

Auszugs den Felsen **einmal** schlagen, so sollte er 40 Jahre später zu dem Felsen sprechen. Aber er schug ihn zweimal. Obwohl viel Wasser hervorsprudelte, wurden Mose und Aaron damit bestraft, daß sie das Land Kanaan nicht betreten durften (4.Mo.20).

Indem sich der Apostel Paulus auf das Ereignis bei dem Felsen bezog, wies er auf den Messias Jesus hin:

>*Ich will nicht, daß ihr in Unkenntnis darüber seid, Brüder, daß unsere Väter alle unter der Wolke waren und alle durch das Meer hindurchgegangen sind und alle in der Wolke und im Meer auf Mose getauft wurden und alle dieselbe geistliche Speise aßen und alle denselben geistlichen Trank tranken, denn sie tranken aus einem geistlichen Felsen, der sie begleitete. Der Fels aber war der Christus« (1.Kor.10,1-4).*

Die Amalekiter
2.Mose 17,8-16

Im dritten Monat nach ihrem Auszug aus Ägypten erreichten die Kinder Israel die Wüste Sinai (2.Mo.19,1). In dieser kurzen Zeit löste eine Auseinandersetzung die andere ab. Kaum hatte das Volk seine inneren Schwierigkeiten überwunden, griff der **Feind von außen** an. Die Taktik des Feindes hat Mose für alle Zeiten aufgeschrieben, damit es nie vergessen wird:

>*»Gedenke, was dir Amalek getan auf dem Wege bei eurem Auszug aus Mizrajim. Der dich traf auf dem Wege und deinen Nachtrab (Nachhut) erschlug, all die Schwachen hinter dir – du aber warst matt und müde –; und (Amalek) fürchtete Gott nicht« (5.Mo.25,17.18).*

Israel hat in seiner Geschichte die immer wiederkehrende Erfahrung gemacht, daß stets, wenn es, an Gott zweifelnd, fragte: »Ist wohl der EWIGE in unserer Mitte oder nicht?« (2.Mo.17,7), ein »**Amalek**« auftauchte und es angriff. Dabei ist seine Taktik zu beachten, denn er greift immer an der schwächsten Stelle an. Obwohl Israel die Amalekiter besiegt hatte, lebt deren Geist auf Erden fort (2.Mo.17,16). Im **geistlichen** Kampf gegen die Amalekiter sind die einzigen Erfolg versprechenden Waffen Mut und Ausdauer, Treue und Gerechtigkeit.

Wie haben die Kinder Israel den Sieg errungen? Indem sie kämpfend zu Gott aufsahen. Dabei hielt Mose seine Arme empor, den Stab

Gottes wie ein Panier in der Hand, um damit das Volk zu ermutigen. Ließ er seine Hände sinken, verzagte das Volk und wurde vom Feind geschlagen. Deshalb stützten Aaron und Hur Moses Arme, so daß der Feind vernichtend geschlagen werden konnte. Später wurde das Schlachtfeld »Adonaj-Nissi« genannt, d.h »der EWIGE ist mein Banner« (2.Mo.17,15).

Diese »Kampfführung« hat eine geistliche Bedeutung im Leben eines jeden Christen, wie auch im Leben der Gemeinde. Um im Kampf gegen den »Geist Amaleks« siegen zu können, ist das Gebet die einzig richtige Waffe. Bei einer sich ausbreitenden Gebetsmüdigkeit sind »Gebetsstützen« eine große Hilfe. Darum sind aus einer wachen, verantwortungsbewußten und lebendigen Gemeinde die wichtigen Gebetsgemeinschaften nicht wegzudenken. Der Apostel Paulus forderte die Gemeinde in Ephesus auf, füreinander zu beten. Doch bei allem Einsatz, der gebracht wird, gehört die Ehre allein dem EWIGEN, denn er streitet, und der Sieg kommt vom ihm (vgl. 2.Mo.17,15.16).

> **Anmerkung:**
> Die Amalekiter waren ein räuberischer Stamm, der anscheinend in der heutigen Negev Wüste beheimatet war. Solche Nomadenstämme waren sehr wohl imstande, Streifzüge in beträchtlicher Entfernung von ihren gewohnten Wohngebieten zu unternehmen. So konnten 1929 transjordanische Araber nur mit Mühe daran gehindert werden, sich an Plünderungen und Mordbrennereien in jüdischen Siedlungen Palästinas zu beteiligen.

Jethro besucht Mose
2.Mose 18

Obwohl Mose der von Gott berufene Führer des Volkes Israel war, brauchte er praktische Hilfe, Korrektur und Glaubensermutigung. Trotz seiner engen Verbindung zu Gott wurde ihm sein Schwiegervater Jethro zum Seelsorger. Er **freute** sich mit Mose über das, was der EWIGE getan hatte, er **lobte** ihn, und er **opferte** ihm Brandopfer und Schlachtopfer (2.Mo.18,9-12). Als Jethro am nächsten Tag erlebte, welche Aufgaben auf Mose lasteten, die er allein zu tragen und zu entscheiden hatte, stand er ihm mit Rat und Tat zur Seite. So machte Jethro seinem Schwiegersohn einen Vorschlag. Mose sollte die Mittlerrolle zwischen Gott und dem Volk wahrnehmen. Was die Ordnungen des Miteinander beträfe, darüber sollten andere qualifizierte Männer wachen. Dabei ist die Qualifikation einer Person zu beachten, die ein Amt wahrnehmen sollte:

> »*Und du ersiehe dir aus dem ganzen Volke* **tüchtige Männer, Gottesfürchtige**, *Männer der* **Wahrheit, Gewinn hassende**, *die setze über sie«* (2.Mo.18,21).

Um sich Männer »ersehen« zu können, brauchte Mose eine prophetische Gabe. Die hatte ihm Gott gegeben, um Männer auszusuchen, die nicht Menschen, sondern Gott fürchteten; Männer von tiefer Frömmigkeit und menschlichem Mitgefühl, Unbestechliche und über jeden Korruptionsverdacht erhabene Menschen. Es wurden also in erster Linie sittliche und nicht körperliche Eigenschaften verlangt. Dazu gibt es in der Apostelgeschichte eine Parallele:

> »*So seht euch nun um, Brüder, nach sieben Männern unter euch, von* **gutem Zeugnis, voll Geist** *und* **Weisheit**, *die wir über dieses Geschäft bestellen wollen!«* (Apg.6,3)

Diese Qualifikation gilt auch heute noch. Darum sollte sich jeder, der ein Amt in der Gemeinde wahrnimmt, prüfen, ob er sein Amt zu Recht hat. Im anderen Fall ist es gut, Buße zu tun und Gott die Ehre zu geben.

Gott führte sein Volk auch in der Zukunft. Er sorgte dafür, daß viele helfende Hände zupackten. Mose aber blieb der **Mittler** zwischen Gott und den Kindern Israel, denn er war das Sprachrohr des EWIGEN. Aaron war der **Dolmetscher** (Übersetzer) an der Seite seines Bruders Mose. Josua war der **Frontkämpfer** und Hur war der **Mitbeter**.

Was dem Volk noch fehlte, war eine Ordnung, die das Leben untereinander und mit Gott regelte. Solche Ordnungen sind wichtig und notwendig, denn sie bewahren vor Schaden.

Die Belehrungen
2.Mose 19-24

Es ist eine Tatsache, daß der Mensch nicht ohne Ordnungen leben kann. Diese sollen ihn aber nicht wie einen Roboter programmieren, denn der Mensch ist eine individuelle Persönlichkeit. Darum können Ordnungen nur als Hilfen verstanden werden, um den Umgang im Miteinander erträglicher zu gestalten. Gesetze, Gebote und Verordnungen sind daher in der Lebensgemeinschaft eines Volkes notwendig, weil sie zur Orientierung im Miteinander dienen. Die Kinder Israel waren als Nomadenstämme ausschließlich von der Sippe und der Familie her geprägt. Was der Sippenälteste oder das Familienoberhaupt sagte, war ungeschriebenes Gesetz. Gott wollte aber die Stämme darauf vorbereiten, ein seßhaftes Volk in Kanaan zu werden, und dazu gehörte auch die Gesetzgebung.

Im dritten Monat nach dem Auszug aus Ägypten lagerte sich das Volk Israel am Fuße des Berges in der Wüste Sinai. Diese Ankunft war der eigentliche Beginn der Geistesgeschichte Israels. Der Bund, durch den alle Stämme zu einer Einheit zusammengefaßt und durch einen feierlichen Eid auf den einen Gott vereidigt wurden; der Bund, durch den ein Volk von Priestern und ein Königtum Gottes auf Erden unter den Menschenkindern (*Theokratie*) geschaffen wurde, ist zum Kernstück und entscheidenden Inhalt seines nationalen Lebens geworden (2.Mo.19,5-6). In der Stille und Abgeschiedenheit des 2700 Meter hohen Sinaigebirges gab Gott Seinem Volk die Verordnungen und Gesetze, die in der **Thora** (5 Bücher Mose) zusammengefaßt sind.

Moralische Ordnungen
2.Mose 19-20

Die Gesetzgebung hatte einen dreifachen Sinn. Erstens war das Gesetz der Maßstab der Gerechtigkeit Gottes seinem Volk gegenüber. Dabei verlangte Gott nichts Ungewöhnliches von seinem Volk, obwohl seine Bedingungen ebenso schwierig wie einfach sind.

> *»Und nun, wenn ihr höret auf meine Stimme und meinen Bund haltet: so sollt ihr mir sein ein Eigentum aus allen Völkern« (2.Mo.19,5).*

Mit der Forderung nach Gehorsam war für Israel der Auftrag verbunden, ein Königreich von Priestern und ein heiliges Volk zu sein. Diese Tatsache hat der Apostel Petrus auf die Gemeinde übertragen:

> *»Ihr aber seid ein auserwähltes Geschlecht, ein königliches Priestertum, eine heilige Nation, ein Volk zum Besitztum, damit ihr die Tugenden dessen verkündigt, der euch aus der Finsternis zu Seinem wunderbaren Licht berufen hat!« (1.Petr.2,9)*

Zweitens sollte durch die Gesetzgebung bewußt gemacht werden, was Sünde ist, denn durch das Gesetz kommt die Erkenntnis der Sünde (Rö.3,20b).

Und drittens wollte Gott mit der Gesetzgebung seine Heiligkeit herausstellen. Dadurch sollte der Mensch, den er geschaffen hatte, seine Souveränität und seinen Anspruch erkennen. Er ist ein eifernder Gott, nicht im Sinne von eifersüchtig, sondern er ist voller Eifer denen gegenüber, die ihn hassen, denn er straft Ungehorsam. Andererseits übt er Gnade an denen, die ihn lieben und seine Gebote halten (2.Mo.20,5.6).

Den Schwerpunkt der Gesetzgebung vom Sinai bilden die moralischen Ordnungen, denen die **Zehn Gebote** zugrunde liegen. Sie sind eine großartige Zusammenfassung von menschlichen Pflichten, die für alle Menschen bindend sind. Diese Zusammenfassung ist unerreicht in ihrer Einfachheit und Feierlichkeit und ist bei dieser Einfachheit doch allumfassend. Und weil die zehn Gebote den Stempel der Göttlichkeit tragen, werden sie niemals veralten, solange diese Welt besteht. Die Zehn Gebote können in drei Bereiche eingeteilt werden:

– Die **ersten vier** Gebote betreffen das Verhältnis des Menschen seinem Gott gegenüber.
– Das **fünfte** Gebot bezieht sich auf das Verhältnis der Kinder gegenüber ihren Eltern.
– Die **letzten fünf** Gebote behandeln das Verhältnis des Menschen gegenüber seinem Nächsten.

Als Jesus einmal von einem Gesetzeslehrer gefragt wurde, welches das **größte** Gebot im Gesetz sei, faßte er die zehn Gebote in dem in Israel bekannten und berühmten »Sch´ma Israel« zusammen (Matth.22,37-39):

*»Höre Israel, der EWIGE, unser Gott, ist ein einiges ewiges Wesen. Und du sollst **lieben** den Ewigen, deinen Gott, mit deinem ganzen **Herzen** und mit deiner ganzen **Seele** und mit deinem ganzen **Vermögen**« (5.Mo.6,4.5) »...und du sollst deinen Nächsten **lieben**, wie dich selbst« (3.Mo.19,18).*

Hier ist nichts ausgelassen. Der ganze Mensch in seiner umfassenden Existenz mit Verstand, Wille und Gefühl ist in das »du sollst lieben« miteinbezogen.

Anmerkung:
In der jüdischen Tradition werden die »Zehn Gebote« (oder »Worte«) in **zwei** Bereiche eingeteilt, die sich an den zwei Tafeln orientieren, die Mose von Gott erhalten hatte. In die erste Tafel waren die Pflichten des Menschen gegenüber Gott »eingraviert«, in die zweite Tafel die Pflichten des Menschen gegenüber seinem Nächsten. Bei der Betrachtung der »Zehn Gebote« wird diese Reihenfolge berücksichtigt. Außerdem wird die Verseinteilung der Hebräischen Bibel (AT) angewendet.

...Das erste Gebot   2.Mose 20,2

»Und Gott redete all diese Worte und sprach: ***Ich bin der EWIGE, dein Gott****, der dich geführt aus dem Lande Mizrajim, aus dem Knechthause« (2.Mo.20,2).*

Welch ein gewaltiger Auftakt, welch eine ungeheure Behauptung! Er ist der erste und einzige. Diese grandiose Wahrheit bildet die Grundlage der Geschichte Israels und die Voraussetzung für alle weiteren Gebote. Nichtjüdische Kommentatoren sehen diesen Vers nur als ein Vorwort zum Dekalog (Zehn Gebote) an. Das entspricht nicht der jüdischen Überlieferung, die ihn als das erste der Zehn Gebote betrachtet und von ihm die Vorschrift ableitet, an *Gottes Sein zu glauben.*

Hier geht es um die Anerkennung der Alleinherrschaft des EWIGEN. Er gründet sein Anrecht und seinen Anspruch, der Gott Israels zu sein, auf die Tatsache der Befreiung seines Volkes aus Ägypten. Israel hatte keinen Gott, der ihm nur vom Hörensagen bekannt war (den Gott Abrahams, Isaaks und Jakobs), sondern den das Volk am Schilfmeer durch sein Eingreifen persönlich erfahren hatte! So wurde die Proklamation des einen Gottes zur Proklamation des Gottes der Freiheit. Der EWIGE ist kein transzendentes Wesen, sondern der persönliche Gott Israels. Hier wird der EWIGE nicht der »Schöpfer Himmels und der Erde« genannt, sondern der, »der Israel aus dem Lande Mizrajim geführt hat«.

...Das zweite Gebot   2.Mose 20,3-6

> *»Du sollst keine fremden Götter haben vor mir. Du sollst dir kein Bildnis machen, kein Abbild dessen, was im Himmel droben und was auf Erden hier unten und was im Wasser unter der Erde ist. Du sollst dich nicht niederwerfen vor ihnen und ihnen nicht dienen, denn ich, der EWIGE, dein Gott, bin ein eifervoller Gott, der die Schuld der Väter ahndet an Kindern am dritten und am vierten Glied, die mich hassen, der aber Gnade übt am tausendsten Glied denen, welche mich lieben und meine Gebote halten« (2.Mo.20,3-6).*

Die jüdische Tradition läßt das zweite Gebot in 2.Mose 20 mit Vers 3 beginnen. Da heißt es, daß der EWIGE keine Konkurrenz duldet, weder neben sich noch vor sich. Die Forderung, keinen anderen Göttern den Vorrang vor dem EWIGEN einzuräumen, setzt voraus, daß es andere Götter gibt. Diese sollten weder **angerufen** werden (2.Mo.23,13), noch sollte Israel ihnen **opfern** (2.Mo.22,19), noch vor ihnen **niederfallen**, noch ihnen **dienen** (2.Mo.34,14). Am häufigsten wird Israel gewarnt, fremden Göttern **nachzulaufen**. Es sollten weder Engel noch heilige Frauen und Männer als Gottheiten angebetet werden. Dieses Gebot verbietet aber auch den **Glauben** an böse Geister, Hexerei und ähnlichen Aberglauben. Wer dem EWIGEN vertrauen würde, brauchte sein Leben nicht auf Zufälle und Glücksfügungen aufzubauen. Auch der Apostel Johannes warnte die Gläubigen:

> *»Kinder, hütet euch vor den Götzen!« (1.Joh.5,21)*

Und so spricht Gott durch den Propheten Jesaja:

> *»Ich bin der EWIGE, außer mir ist kein Gott... einen **gerechten** und **rettenden** Gott gibt es außer mir nicht« (Jes.45,18-22).*

Diese Forderung konnte der EWIGE stellen, weil er Israel befreit hatte. Nicht Israel hatte durch mystische Erfahrungen zu einem »neuen« Gott gefunden, sondern dieser hatte sich Israel erwählt als sein Eigentum. Das verdeutlicht die Tatsache, daß allen späteren Gottes-**Erfahrungen** des Volkes immer eine grundlegende Gottes-**Offenbarung** vorausging!

Israel sollte sich kein Abbild von Gott machen. Das hat der Mensch aber immer wieder versucht. Was dabei herauskam, schildert der Apostel Paulus in seinem Brief an die Römer:

> *»Weil sie Gott kannten, ihn aber nicht als Gott verherrlichten..., haben sie die Herrlichkeit des unverweslichen Gottes verwandelt in*

*das Gleichnis eines **Bildes** vom verweslichen Menschen und von Vögeln und von vierfüßigen und kriechenden Tieren!« (Rö.1,21-23)*

Wer den EWIGEN »sehen« will, muß auf Jesus »sehen«, denn er sagt:

»Wer mich gesehen hat, hat den Vater gesehen!« (Joh.14,9b).
»Niemand hat Gott jemals gesehen, der eingeborene Sohn, der in des Vaters Schoß ist, der hat ihn kundgemacht« (Joh.1,18).

Es geht also nicht darum zu erfahren, wie Gott aussieht oder welche Gestalt er hat, sondern darum, wie er mit dem Menschen umgeht. Mose wiederholte dieses Gebot, welches zu Beginn einer neuen Form von Glaubens- und Lebensgemeinschaft gegeben wurde, nach 40 Jahren noch einmal. Er ermahnte das Volk, sich keine Abbilder zu machen und den Geboten des EWIGEN gehorsam zu sein (5.Mo.4,1-23). Nun hatte das Volk Israel aber das zweite Gebot schon in dem Augenblick übertreten, als Mose das Gebot von Gott empfing, denn sie gossen sich ein goldenes Kalb und sprachen:

»Das sind deine Götter, Israel, die dich heraufgeführt aus dem Lande Mizrajim« (2.Mo.32,4).

In diesem Zusammenhang wies Gott darauf hin, daß die Übertretung dieses Gebotes mit Strafe zu ahnden sei. Dabei würde die »Schuld der Väter« an den Kindern nur dann heimgesucht werden, wenn sie dieses Gebot ebenfalls mißachteten. Das Gericht an den Kindern bezieht sich auf »die mich hassen«. Dagegen gilt die Gnade denen, die ihn **lieben** und seine Gebote halten, bis ins tausendste Glied (das sind 20 000 Jahre). »**Die ihn lieben**« bezeichnet das richtige Verhältnis des Menschen zu Gott, welches im Gehorsam gegenüber seinem Willen zum Ausdruck gebracht wird.

...Das dritte Gebot   2.Mose 20,7

»Du sollst nicht aussprechen den Namen des EWIGEN, deines Gottes, zum Falschen, denn nicht ungestraft lassen wird der EWIGE den, der seinen Namen ausspricht zum Falschen« (2.Mo.20,7).

In dem Namen J H W H hatte sich Gott seinem Volk als der **Einzige** und **EWIGE** vorgestellt. Sein Name war so heilig, daß er niemals ausgesprochen wurde. Gott ist der absolut **Heilige**, darum ist auch sein **Name** heilig. Dadurch bekam der Name J A H W E aber keine magische Kraft. Vielmehr hatte Gott vorausgesagt, daß er alles tun würde, was in diesem Namen erbeten würde. Wollte Israel Gott in seiner **Wirksamkeit** bezeichnen, wurden andere Namen benutzt:

- Er, der sieht   JIREH   (1.Mo.22,14)
- Er, der Arzt   RAPHAH   (2.Mo.15,26)
- Er, das Siegeszeichen NISSI   (2.Mo.17,15)
- Er, der Friede   SHALOM   (Ri.6,24)
- Er, der Hirte   RAAH   (Ps.23,1)
- Er, der Gegenwärtige SHAMMA   (Hes.48,35)

Was ist mit dem Aussprechen seines Namens »zum Falschen« gemeint? Es handelt sich hier um ein Gebot, das vor Meineid warnt. Es durfte bei dem Namen des EWIGEN nicht geschworen werden! In der praktischen Anwendung dieses Gebotes heißt es:

> *»Ihr sollt nicht schwören bei meinem Namen zu einer Lüge, daß du entweihest den Namen deines Gottes. Ich bin der EWIGE« (3.Mo.19,12).*

Das meinte Jesus, als er sich auf die Praxis des Schwörens bezog; denn es ist besser, überhaupt nicht zu schwören, weder beim Himmel, denn er ist Gottes Thron, noch bei der Erde, denn sie ist der Schemel seiner Füße; auch nicht bei Jerusalem, denn sie ist die Stadt des Königs. Auch bei seinem eigenen Haupte sollte nicht geschworen werden, denn niemand vermag sein Haar schwarz oder weiß zu machen. Wer seine Aussage beeiden wollte, sollte nur »Ja-ja« oder »Nein-nein« sagen (also bei der Wahrheit bleiben). Alles andere wäre von Übel (Matth.5,33-37). Niemand und nichts sollte angerufen werden, um die Wahrheit einer Aussage zu bekräftigen, weder eine Person noch ein Gegenstand, wie z.B. »beim Barte des Propheten«, »bei meiner seligen Großmutter« oder »ich will tot umfallen, wenn diese Aussage nicht wahr ist«.

Im jüdischen Rechtswesen des Alten Bundes spielte der Eid eine wichtige Rolle, gerade dann, wenn der Angeklagte keine Entlastungszeugen beibringen konnte. Da es immer um das Recht des Angeklagten ging, konnte dieser sich in einer solchen Lage durch den Eid auf den **Namen** des EWIGEN berufen. Indem er sagte: »Ich schwöre bei JAHWE«, mußte er freigesprochen werden. Allerdings war die Gefahr, einen Meineid zu leisten, nicht zu unterschätzen. Den **Namen** des EWIGEN zur Rechtfertigung eigener Zwecke zu mißbrauchen, stellte nicht nur eine Gefährdung des Rechts und des Lebens anderer Menschen dar, sondern Gott selbst wurde dadurch ins Unrecht gesetzt! Darum sorgte er auch für die gerechte Strafe des Meineidigen, denn auf Mißbrauch und Lästerung des Namens JAHWE stand in Israel die

Todesstrafe durch Steinigung (3.Mo.24,16). Das war im jüdischen Bewußtsein so tief verwurzelt, daß Stephanus als Gotteslästerer von den »Rechtgläubigen« gesteinigt wurde, nur weil er sagte:

> »Siehe, ich sehe die Himmel geöffnet und den Sohn des Menschen zur Rechten Gottes **stehen**!« (Apg.7,56)

Anmerkung:
Dies ist die einzige Bibelstelle, wo Jesus **steht**, denn es handelt sich hier um eine Gerichtsposition. Sonst heißt es immer, daß er zur Rechten Gottes **sitzt**.

Die positive Umkehrung dieses Gebotes besteht darin, daß der **Name** des EWIGEN geheiligt wird. Der rechte Gebrauch Seines **Namens** besteht darin, *mit* **ihm** statt *über* **ihn** zu reden! So sind auch Christen gefragt, wo sie den Namen Jesus gedankenlos mißbrauchen, etwa im Gebet, wo die Anrede des HERRN vielleicht nur noch eine Gebetsformel ist.

...Das vierte Gebot   2.Mose 20,8-11

> »Gedenke des Schabbath-Tages, ihn zu heiligen: Sechs Tage kannst du arbeiten und all deine Werke verrichten. Aber der siebente Tag ist Feiertag dem EWIGEN, deinem Gott, da sollst du keinerlei Werk verrichten, du und dein Sohn und deine Tochter, dein Knecht und deine Magd und dein Vieh und dein Fremder, der in deinen Toren ist. Denn in sechs Tagen hat der EWIGE gemacht den Himmel und die Erde, das Meer und alles, was darin ist, und ruhte am siebenten Tage. Deswegen hat gesegnet der EWIGE den Schabbath-Tag und ihn geheiligt« (2.Mo.20,8-11).

Schabbath bedeutet Ruhe. Dieser Tag soll ein Tag der Stille und Besinnung sein. Gottesdienst und religiöse Unterweisung – die Erneuerung des geistlichen Lebens des Menschen in Gott – bilden den wesentlichen Bestandteil der Schabbath-Feier im Judentum. Im Lesen der Thorah (fünf Bücher Mose) und der Prophetenrollen, durch das Anhören von Lehrvorträgen sowie das Sprechen der liturgischen Gebete und Psalmen ist der Jude dieser Welt »entrückt«. Hier wird nicht nur einfach Ruhe im Sinne von »abschalten« und Muße praktiziert, sondern der Mensch soll aus der Hektik des Alltags zur **Ruhe in Gott** kommen. Das meint der Schreiber des Briefes an die Hebräer, wenn er darauf hinweist, daß noch eine Schabbath-Ruhe dem Volke Gottes übrig bleibt; denn wer in seine Ruhe eingegangen ist, der ist auch zur Ruhe gelangt von seinen Werken, wie Gott von seinen eigenen (Hebr.4,9-10). Im Schabbath findet die tägliche Arbeit ihre heilvolle Begrenzung in der Ruhe des EWIGEN. Dabei ist der Tag an sich nicht heilig, sondern die **Zeit** dieses Tages. Das gilt es in der Christenheit von den Juden her wieder neu zu lernen, den »Sonntag« in dieser Ruhe zu begehen.

Obwohl die Bibel keine Auflistung verbotener Arbeiten am Schabbath gibt, haben die Rabbiner im Laufe des Spätjudentums einen Katalog von Verboten aufgestellt, die Jesus souverän durchbrochen hat, indem er Menschen in Not half. Er ist HERR des Schabbaths (Matth.12,8), denn der Schabbath ist um des Menschen willen geschaffen und nicht der Mensch um des Schabbath willen (Mark.2,27). Zuerst war der Mensch da, danach kam der Schabbath (die Ruhe).

Hat dieses Gebot für den an den Messias Jesus Glaubenden auch Gültigkeit? Alle Gebote werden im Neuen Testament wiederholt, nur das Schabbath-Gebot nicht. Vielmehr wird immer wieder auf die praktische, lebendige, sich auf andere auswirkende Anbetung Gottes hingewiesen. Das ist der allumfassende tagtägliche »vernünftige Gottesdienst« (Rö.12,1-2).

Nachdem sich das Christentum im 4.Jahrhundert endgültig von der Synagoge und dem Judentum getrennt hatte, wurde der erste Tag der Woche zum »Feiertag« erklärt mit der Begründung, daß der Messias Jesus am ersten Tag der Woche von den Toten auferstanden sei (Matth.28,1; Mark.16,1; Luk.24,1). Am ersten Tag der Woche ist der HERR seinen Jüngern erschienen (Joh.20,19.26). Und am ersten Tag der Woche wurde der Heilige Geist ausgegossen (Apg.2,1 vgl. mit 3.Mo.23,15.16). Am ersten Tag wurde das Brot gebrochen, und es wurde gepredigt (Apg.20,7).

> **Anmerkung:**
> Der Hinweis des Apostels Paulus, daß die Gemeinde in Korinth am ersten Tag der Woche das Opfer zusammenlegen sollte, ist nicht als Beweis für die Gottesdienstpraxis an diesem Tage heranzuführen. Vielmehr kann davon ausgegangen werden, daß der Schabbath gehalten wurde. Doch da die Menschen zur damaligen Zeit ein unterschiedliches Tageseinkommen hatten, sollten sie vom ersten Tag der Woche an das Opfer (den Zehnten) von den täglichen Einnahmen zurücklegen (1.Kor.16,1.2).

Schließlich ist es unerheblich, ob Christen am Schabbath oder am Sonntag von der Arbeit ruhen, entscheidend ist, daß sie überhaupt einen »Ruhetag in Gott« haben, den sie auch entsprechend begehen. Weil Israel dieses wichtige Gebot nicht gehalten hat, kam es in die Gefangenschaft, so lange, bis das Land alle seine Schabbathe ersetzt bekam, denn alle diese Tage seiner Verwüstung hatte es Ruhe (Schabbath), bis 70 Jahre voll waren (2.Chro.36,21).

...Das fünfte Gebot   2.Mose 20,12

> *»Ehre deinen Vater und deine Mutter, damit deine Tage lang werden in dem Lande, das der EWIGE, dein Gott, dir gibt!« (2.Mo.20,12)*

Dieses Gebot stand noch auf der ersten Tafel, auf der die Pflichten Gott gegenüber eingraviert waren, denn Eltern stehen ihren Kindern gegenüber an Gottes Stelle. Es ist das erste Gebot mit einer Verheißung (Eph.6,1-3): »...damit es dir wohlgehe« (5.Mo.5,16b). Ein Kind hat demnach die Verpflichtung, die Stellung seiner Eltern vor Gott zu achten. Wer den EWIGEN liebt und ehrt, tut das auch mit seinen Eltern. Dabei ist die Rangfolge beider Elternteile unwichtig. Wird in der Gebotstafel der Vater zuerst genannt, ist es in 3.Mose 19,3 genau umgekehrt: »Jeder fürchte seine Mutter und seinen Vater!« Wer aber Vater oder Mutter **schlagen** oder ihnen **fluchen** würde, der sollte des Todes sterben (2.Mo.21,15.17). Dagegen wird der gesegnet, der seinen Eltern **gehorcht** (Spr.1,8.9). Nur in äußerst seltenen Fällen, und zwar da, wo Eltern ihre Kinder ins Verderben führen, ist eine Haltung der Ablehnung gerechtfertigt. Allerdings bleibt die Pflicht der Versorgung der Eltern auch dann bestehen. Jesus hat die ergänzenden Menschensatzungen des Priesteradels zu diesem Gebot hart angegriffen, als er feststellte:

> *»Trefflich hebt ihr das Gebot Gottes auf, damit ihr eure Überlieferung haltet. Denn Mose hat gesagt: Ehre deinen Vater und deine Mutter! und: Wer Vater oder Mutter flucht, soll des Todes sterben! Ihr aber sagt: Wenn ein Mensch zum Vater oder zur Mutter spricht: Korban – das ist eine Opfergabe – sei das, was dir von mir zugute gekommen wäre, laßt ihr ihn nichts mehr für Vater oder Mutter tun, indem ihr das Wort Gottes ungültig macht durch eure Überlieferung...«* (Mark.7,9-13).

Anmerkung:
Im Spätjudentum konnte der Unterhalt für die Eltern nach rabbinischem Recht auch als Opfergabe (hebr.: *korban*) in den Tempel gebracht werden. Damit waren die Kinder frei von der Verpflichtung, ihre Eltern zu versorgen. Durch diese Praxis wurde das Wort Gottes durch Menschensatzungen aufgehoben. Das hat Jesus verurteilt!

Die Verheißung auf ein »langes Leben im Lande« bezog sich auf die Erinnerung an die Vorfahren wie auch auf die Hoffnung einer friedvollen Zukunft. Liebe zu den Eltern ist die Grundlage nationaler Lebensdauer und Sicherheit. Dabei bleibt ein Mensch so lange Kind seiner Eltern, wie seine Eltern leben. Das zeigt sich gerade im hohen Alter, wo die Eltern auf die Hilfe und den Beistand ihrer Kinder angewiesen sind. Verständigungsschwierigkeiten zwischen den Generationen sind kein Grund, sich von den Eltern abzuwenden. Eltern, die ihre Kinder durch Unfall und Tod verloren haben, werden deshalb **auch** Waisen genannt, wie Kinder, die ihre Eltern verloren haben. Das ist im Neuen Testament gemeint, wo die Gemeinde den Auftrag bekam, die Witwen (der Ehemann ist verstorben) und Waisen (Eltern haben ihre Kinder – und umgekehrt – verloren) zu versorgen (Jak.1,27; lies auch 1.Tim.5,3-6).

...Das sechste Gebot   2.Mose 20,13

»Du sollst nicht morden!« (2.Mo.20,13)

Den ersten fünf Geboten (auf der ersten Tafel) war stets ein erklärender Zusatz beigefügt. Die letzten fünf Gebote (auf der zweiten Tafel) waren dagegen kurz und geboten mit stärkstem Nachdruck ein *Nicht-Tun*. Ausgehend von dem Grundsatz: »Liebe deinen Nächsten wie dich selbst!« galt es als absolute Pflicht, diese Gebote in allen Bereichen des öffentlichen und privaten Lebens auf Eigentums- und Ehrbegriffe anzuwenden.

Das sechste Gebot bezieht sich auf die Erhaltung menschlichen Lebens. Der unbegrenzte Wert dieses Lebens beruht auf der Tatsache, daß der Mensch »im Ebenbild Gottes« geschaffen wurde. Gott allein gibt das Leben, und er allein hat auch das Recht, es wieder zu nehmen. Dabei ist das Leben eines **ungeborenen Kindes** ebenso geheiligt wie das eines geborenen Kindes. Im Neuen Testament wird berichtet, daß Elisabeth, erfüllt mit Heiligem Geist, der Maria mit lauter Stimme zurief:

»*Gesegnet bist du unter den Frauen, und gesegnet ist die* **Frucht** *deines Leibes!*« *(Luk.1,42).*

Daher ist Abtreibung im orthodoxen Judentum undenkbar, weil dadurch der kommende Messias getötet werden könnte. Doch von jeher wollte sich der Mensch zum Maßstab aller Dinge machen und über Leben und Tod bestimmen. So hat das sechste Gebot bis heute zu vielen Diskussionen Anlaß gegeben. Dabei spielte die Bedeutung des Gebotes weniger eine Rolle als vielmehr die Rechtfertigung eigener Meinungen und Positionen. Doch das Gebot sagt weder darüber etwas aus, daß in keinem Fall getötet werden darf, noch daß Tötung unter bestimmten Umständen erlaubt ist.

Ähnlich wie in der deutschen Sprache gibt es auch im Hebräischen eine Reihe von Begriffen, die den Begriff »töten« mit umbringen, erschlagen, ermorden oder vernichten umschreiben. Darum muß immer der Kontext, d.h. der Zusammenhang, gelesen werden, um verstehen zu können, welche Bedeutung der entsprechende Begriff für »töten« hat und in welchem Zusammenhang er gebraucht wird. Die wörtliche Übersetzung des sechsten Gebots in der Befehlsform »*nicht morde*«, kommt dem hebräischen Text am nächsten und ist ein feststehender Begriff in der Rechtssprache Israels; denn überall, wo das hebräische Wort *razah* vorkommt, handelt es sich um das **vorsätzliche** Töten eines unschuldigen Menschen mit der Absicht, sich an seinem Besitz zu bereichern. Ein Beispiel ist die Geschichte von König Ahab, der nach einem Schauprozeß mit falschen Zeugen den Naboth steinigen ließ, um an dessen Weinberg zu kommen. In der Anklage gegen den ungerechten König gebrauchte der Prophet Elia den Begriff *razah* für **vorsätzliches** Töten (Mord) (1.Kö.21). Nicht immer ist der Ausführende der eigentlich Schuldige, sondern der, der den Mord plant und veranlaßt. So ließ König David seinen Feldmarschall Uria an vorderster Front durch die Feinde töten, was **vorsätzliches** Töten (Mord) war, denn David wollte sich an der Ehefrau Urias »bereichern« (2.Sam.11).

Das sechste Gebot bezieht sich sicher auch auf politische Macht über sozial Abhängige, denn der Psalmist klagt über die stolzen Machthaber, die die Witwen und Fremdlinge **erwürgen** und die Waisen **ermorden** (Ps.94,6).

Obwohl die Teilnahme am Militärdienst zur Verteidigung des Landes in der Hebräischen Bibel (AT) ebenso gefordert wird wie die Vollstreckung einer gerichtlich ausgesprochenen **Todesstrafe** (Jos.6,21), zielt das Gebot: *»nicht morde«* auf die Bewahrung der persönlichen Freiheit hin, deren Grenzen auch Israel nicht übertreten durfte. Wer dem menschlichen Leben die Voraussetzung entzieht, **tötet**. Wer anderen den Lebensraum nimmt und ihn einengt, wird zum Totschläger. Der Aufbau von Feindbildern führt immer zum Krieg, auch unter Christen (Matth.5,21.22)! Wer Krieg macht, **mordet**. Dagegen fordert der Apostel Paulus die Gemeinde in Rom auf, das Recht zu wahren und sich dafür einzusetzen. Über Gottes Recht hat niemand Macht, es gilt allen Menschen, denn die **Liebe** tut dem Nächsten nichts Böses! Damit ist die **Liebe** die Erfüllung des Gesetzes (Rö.13,10).

...Das siebte Gebot   2.Mose 20,13

»Du sollst nicht ehebrechen« (2.Mo.20,13).

Dieses Gebot bezieht sich auf den Schutz der Familie. Sie ist die Urzelle allen menschlichen Lebens. »Darum wird ein Mann Vater und Mutter verlassen und seiner Frau angehören, und die beiden werden ein Fleisch sein« (1.Mo.2,24). Die Ehe ist eine Einheit, ein untrennbares Ganzes. Demnach ist eine Ehe dann vollzogen, wenn es zu einer geschlechtlichen Vereinigung zwischen Mann und Frau gekommen ist, auch wenn beide weder standesamtlich noch kirchlich getraut sind.

Bei diesem Gebot geht es um den Rechtsanspruch, den der Mann an seine Frau hat und den jeder andere Mann zu respektieren hat. Obwohl Israel in seiner Geschichte eine Entwicklung zur Monogamie (Einehe) durchmachte, konnte unter bestimmten Umständen die Ehelichung einer zweiten oder weiteren Frau gefordert werden:

*»Wenn ein Mann ein jungfräuliches Mädchen findet, die **nicht verlobt** ist (an dem noch kein Mann einen Rechtsanspruch besitzt), und*

er hält sie fest und liegt bei ihr...soll sie sein Weib werden dafür, daß er sie bezwungen. Er darf sie nicht verstoßen all seine Tage« (5.Mo.22,28.29).

Andererseits konnte ein Eheanspruch auch wieder gelöst werden, wenn die Frau den ehelichen Ansprüchen nicht genügte (5.Mo.24,1-4).

Um die weise Einrichtung der Ehe besser verstehen zu können, ist zu bedenken, daß ein Mann für sich allein nur die Hälfte der Schöpfung Gottes ist. Das gilt natürlich in umgekehrter Weise auch für die Frau (lies Rö.1,24-27!). Auch die Beziehung zwischen Israel und Gott, die mit einer Ehe verglichen wird, macht das deutlich. So ist Israel ohne Gott unvollkommen. In seiner Suche nach anderen Göttern, denen es dann diente, trat es immer wieder aus der Lebensgemeinschaft mit Gott heraus. Das mußte der Prophet Hosea am Beispiel seiner eigenen Ehe dem Volk Israel vor Augen führen. Im Auftrage Gottes mußte er eine Hure heiraten und (Huren-) Kinder mit ihr zeugen (Hos.1). Ehebruch zerbricht nicht nur einen Besitzstand, sondern immer auch eine tiefe personale Beziehung. So galt Ehebruch in Israel als »Kapitalverbrechen«, worauf die Todesstrafe stand (3.Mo.20,10). Genau genommen konnte ein Mann seine eigene Ehe gar nicht brechen, er konnte immer nur in eine fremde Ehe »einbrechen«. Umgekehrt konnte eine verheiratete Frau nicht eine fremde Ehe, sondern immer nur ihre eigene Ehe brechen, indem sie das Besitzrecht ihres Mannes mißachtete. Allerdings war die Beziehung zu Sklavinnen und Prostituierten von diesem Gebot ausgenommen (siehe Juda und Thamar in 1.Mose 38,12 ff).

Die Anwendung des Gebotes in der heutigen Gesellschaft – auch unter Christen – ist durch die Praxis der freien Liebe, der Ehe auf Zeit, wie auch durch die Zunahme der Ehescheidungen schwierig geworden. Trotz aller Kompromißversuche mit der Begründung, daß sich die Zeiten geändert hätten, bleibt Ehebruch **Sünde**, weil das erste Gebot mißachtet wird. Wo die Herrschaft des EWIGEN ignoriert und Seine Herrschaft abgelehnt wird, muß dies zwangsläufig ins Chaos führen.

Allerdings steht es Christen nicht zu, über Geschiedene den Stab zu brechen. Vielmehr ist Seelsorge nötig. Es muß ja nicht immer zur Ehescheidung kommen, denn beide Partner haben die Möglichkeit zum Schuldbekenntnis, zur Vergebung und zur Versöhnung und damit zu einem Neuanfang. Nur wenn alle Versuche scheitern, ist Scheidung der letzte Ausweg (vgl. Matth.5,31.32; 19,3ff). Die Forderung der Bibel, daß Geschiedene nicht wieder heiraten sollen, hatte einen doppelten Grund. Zum einen hatte der Mann an seine geschiedene Frau nach biblischem Gesetz immer noch einen Rechtsanspruch, den auch der Apostel Paulus ansprach (1.Kor.7,10-16). Zum anderen sollte die folgende Ehelosigkeit ein Zeugnis vor der Öffentlichkeit sein, daß die Ehe kein Vertrag war, der gelöst werden konnte, wann immer es den Ehepartnern gefiel.

Jesus bezog sich auf den Ehebruch, der schon mit dem **Sehen** und **Begehren** beginnt (Matth.5,27.28). Dieser Ablauf hatte auch König David zu Fall gebracht (2.Sam.11). Indem der Apostel Paulus auf die Keuschheit hinwies, meinte er damit nicht die Enthaltsamkeit, sondern die geteilte Sexualität, die allein in der Ehe ihre Erfüllung findet. So rief er die Eheleute auf, einander zu lieben, wie der Messias die Gemeinde geliebt hat. In diesem Zusammenhang werden die Männer dreimal aufgefordert, ihre Frauen zu lieben (vgl. Eph.5,22ff)!

...Das achte Gebot   2.Mose 20,13

»Du sollst nicht stehlen« (2.Mo.20,13).

Dieses Gebot bezieht sich auf den Schutz von Besitz und Eigentum. Damit ist aber nicht nur Diebstahl (Raub) gemeint, sondern auch Übervorteilung durch Betrug, Unterschlagung, Untreue oder Fälschung. Die Grundeinstellung zum Eigentum ist das Bewußtsein, daß alles von Gott kommt. Die Ursache des Diebstahls war darin begründet, daß Israel den EWIGEN, seinen Gott, nicht kennen wollte (Jer.9,4.5). Israel hatte das achte Gebot mißachtet, so daß der EWIGE fragt:

*»Darf ein Mensch Gott **berauben**? Ja, ihr **beraubt** mich! – Ihr aber sagt: Worin haben wir dich **beraubt**? Im Zehnten und im Hebopfer. Mit dem Fluch seid ihr verflucht, mich aber **beraubt** ihr weiterhin, ihr, die ganze Nation!« (Mal.3,8.9)*

...Das neunte Gebot   2.Mose 20,13

»Du sollst nicht zeugen wider deinen Nächsten als falscher Zeuge« (2.Mo.20,13).

Dieses Gebot bezieht sich auf den Schutz von Ehre und Ansehen. Mit anderen Worten kann das Gebot auch sinngemäß so lauten: »Du mußt nicht über andere urteilen, um selbst gut dazustehen.« Dieses Gebot schließt die Gebote drei und sechs mit ein. Warum? Weil es im neunten Gebot um die **Falschaussage** geht, die für einen Menschen das Todesurteil bedeuten kann. Nach jüdischer Rechtslehre ist mit diesem Gebot die Zeugenaussage bei Gericht gemeint. Dabei soll der Zeuge durch seine Aussage weder **anklagen** noch **richten**. Das Zeugnis ist dabei immer im Blick auf die Urteilsfindung zum Richter hin gesagt, niemals an die Öffentlichkeit! In der heutigen Praxis der Medien sieht das ganz anders aus. Da wird der Angeklagte oft schon verurteilt, bevor er überhaupt seine Anklage gehört hat. Aber das scheint nichts Neues zu sein, denn diesen Rechtsbruch klagten die Propheten Israels immer wieder an. Da wurde das Recht durch Manipulation der Wahrheit in Lüge verdreht. Der Prophet Amos klagt, daß Israel das Recht in Wermut (Bitterkeit) verwandelt und die Gerechtigkeit zu Boden geworfen habe (Amos 5,7). Noch drastischer drückt es der Prophet Micha aus:

> *»Hört doch dies, ihr Häupter des Hauses Jakob und ihr Anführer des Hauses Israel, die das Recht verabscheuen und alles Gerade krümmen, die Zion mit Blut bauen und Jerusalem mit Unrecht! Seine Häupter richten für Bestechung, seine Priester lehren für Lohn, und seine Propheten wahrsagen für Geld!«* (Micha 3,9-11)

Hier wird deutlich, daß Rechtsverdrehung, falsche Zeugenaussage, falsche Anklage und falscher Urteilsspruch die Voraussetzung für Diebstahl, Ehebruch und Mord sind, d.h. wo das neunte Gebot keine Gültigkeit besitzt, werden alle anderen Gebote relativiert, und dem Verbrechen wird der Weg geebnet.

Auch Jesus sollte durch falsche Zeugenaussagen angeklagt werden (Matth. 26,59-63a). Und der Apostel Paulus forderte die Gemeinde in Ephesus auf, die **Lüge**, d.h. alles Falsche und Unwahre abzulegen und die **Wahrheit** zu reden, ein jeder mit seinem Nächsten, weil sie Glieder untereinander sind. Die Gläubigen sollen nicht negativ über andere reden, sondern das, was für den anderen gut und hilfreich ist und ihn segnet, wenn er es hört! Dazu gehört die Vergebung untereinander, wie Gott ihnen in dem Messias auch vergeben hat (Eph.4,25-32).

...Das zehnte Gebot   2.Mose 20,14

> *»Du sollst nicht Gelüste tragen nach dem Hause deines Nächsten. Du sollst nicht Gelüste tragen nach dem Weibe deines Nächsten,*

nach seinem Knecht und nach seiner Magd und nach seinem Ochsen und seinem Esel und allem, was deines Nächsten ist« (2.Mo.20,14).

In diesem Gebot werden noch einmal die Gebote sechs bis neun zusammengefaßt. In der Sinnübertragung des Textes »Trachte nicht nach fremdem Eigentum« bezieht es sich auf den Schutz des Nächsten und warnt davor, sich an dem zu bereichern, was nicht auf rechtmäßige und ehrenhafte Art erworben werden kann. Das Gebot warnt also vor Neid, Mißgunst und Habgier (vgl. Kol.3,1-14). Wer sich nicht »gelüsten« läßt, versteht sich zu beherrschen. Ohne derartige Selbstbeherrschung gibt es kein wahrhaftiges menschliches Leben. Die Selbstbeherrschung ist der Maßstab für wahre Männlichkeit und echte Weiblichkeit. Die Rabbiner fragen: »Wer ist stark?« Ihre Antwort lautet: »Wer sich selbst beherrscht.«

Ganz in diesem Sinn schrieb der Apostel Paulus an die Römer:

*»Seid niemand irgend etwas schuldig, als nur einander zu lieben, denn wer den anderen liebt, hat das Gesetz erfüllt! Denn das: du sollst nicht ehebrechen, du sollst nicht töten, du sollst nicht stehlen, du sollst nicht begehren, und wenn es ein anderes Gebot gibt, ist es in diesem Wort zusammengefaßt: du sollst deinen Nächsten **lieben** wie dich selbst. Die **Liebe** tut dem Nächsten nichts Böses. So ist nun die **Liebe** die Erfüllung des Gesetzes« (Rö.13,8-10).*

Soziale Ordnungen
2.Mose 21-23

Die nun folgenden Ordnungen sollen Israels gesellschaftspolitisches Verhalten regeln. Sie beziehen sich auf:

– Meister (Herren) und Knechte (2.Mo.21,1-11)

– körperliche Verletzungen (2.Mo.21,12-36)

– Besitzrechte (2.Mo.21,37-22,5)

– verschiedene Verfehlungen (2.Mo.22,16-23,9)

– nationale Feiertage (2.Mo.23,10-19)

– nationale Beziehungen (2.Mo.23,20-33)

Auch in den Bereichen der sozialen Ordnungen wird deutlich, daß Gott sein Volk auf die kommende Staatsform vorbereitet, wo er selbst König sein wird.

Religiöse Ordnungen
2.Mose 24

Wie in einer Lebens- und Volksgemeinschaft moralische und soziale Ordnungen zur Regelung des Miteinander notwendig sind, um den Umgang erträglicher zu gestalten, so ist es auch im religiösen Bereich. Weil der Mensch ein Gottesbewußtsein hat (vgl. Rö.1,18-23), ist es ihm ein Bedürfnis, dies durch religiöse Handlungen zum Ausdruck zu bringen. Die Möglichkeit dazu gab Gott seinem Volk durch den Bau der Stiftshütte. Und so ist 2.Mose 24 die Einleitung zu den folgenden 15 Kapiteln, in denen die religiösen Ordnungen niedergeschrieben wurden. Doch bevor mit dem Bau der Stiftshütte begonnen werden konnte, mußte Mose noch einmal den Berg besteigen, um 40 Tage und Nächte in der Gegenwart des EWIGEN und seiner Herrlichkeit zu bleiben:

»Und der Anblick der Herrlichkeit des EWIGEN war wie ein verzehrendes Feuer auf dem Gipfel des Berges vor den Augen der Kinder Israel. Und Mose ging hinein in das Gewölk und stieg den Berg hinan, und Mose war auf dem Berg 40 Tage und Nächte« (2.Mo.24,17-18).

So wurde der Heilsplan Gottes in den religiösen Ordnungen vorgestellt. Der EWIGE hatte in den 10 Geboten seinen Willen dem Volk kundgetan. Da Israel diesen Gesetzesbund aber zu keiner Zeit gehalten hatte, mußte Gott von Anfang an zu dem Gesetz einen zweiten Weg zeigen, der in die Gemeinschaft mit ihm führte. Dieser neue Weg war die Siftshütte.

Kapitel 2
Die Stiftshütte
Das Heiligtum in der Wüste   2.Mose 25-40

Drei wichtige Ereignisse sollten ein ganzes Volk über Jahrtausende hin prägen.
1. Israel wurde durch Gottes Eingreifen aus Ägypten herausgeführt. Diesem Ereignis ging das Pessach unmittelbar voraus. Mit dem Blut des Pessach-Lammes hatte sich der EWIGE sein Volk als Erstgeburt **erkauft** und aus der Knechtschaft (Fremdherrschaft!) **erlöst**.
2. Israel erhielt am Sinai von Gott das Gesetz als Lebensordnung, die alle Bereiche der religiösen, sozialen und politischen Gemeinschaft des Volkes umfaßte. Darüber hinaus bildet es das **göttliche Grundgesetz** der gesamten Menschheit.
3. Israel wurde von Gott nicht alleingelassen. Vielmehr wollte er bei seinem Volk »wohnen«. So war die Stiftshütte ein sichtbarer Beweis der fortdauernden Anwesenheit Gottes inmitten seines Volkes.

Gottes Ziel mit dem Menschen ist die **Gemeinschaft**. Dazu ist aber der Gehorsam des Menschen gegenüber dem Willen Gottes – im Gesetz Gottes festgeschrieben – Voraussetzung. Indem Israel nun die Bedingungen Gottes anerkannte, wurde der Bund Gottes mit Seinem Volk rechtskräftig, obwohl er zur gleichen Zeit durch den Ungehorsam des Volkes schon gebrochen war. Während Mose das Gesetz in den Händen hielt, trug er das Bild der Stiftshütte in seinem Herzen (Hebr.8,5), denn wie das Gesetz die **Sünde** des Menschen offenbart (Rö.7,7-12), so ist der Weg der **Gnade** schon bereitet. Dabei rückt Gott nicht von seinem Plan ab, unter seinem Volk zu **wohnen**, was durch den Bau der Stiftshütte geschehen soll (2.Mo.25,8).

Nun wird in der ganzen Bibel nichts so detailliert beschrieben wie die Stiftshütte. Alle Maße, Materialien wie auch die Auf- und Abbauanordnungen sind exakt aufgelistet, so daß es heute für niemanden eine Schwierigkeit darstellen sollte, das Heiligtum nachzubauen.

Da die Stiftshütte, auch »Zelt des Zeugnisses« genannt, die Israeliten auf ihren Wanderungen begleiten sollte, mußte sie transportabel sein. Sie war aus massiven Holzbohlen hergestellt, die ihr eine stärkere Stabilität als die gewöhnlichen Zeltstangen gaben. Und sie war mit Decken und Fellen abgedeckt wie ein Zelt. Das gesamte Heiligtum umfaßte drei Bereiche:

1. Der **Vorhof** hatte eine Fläche von 25 m x 50 m. Zwischen 60 Akazienholz-**Säulen**, mit Kupfer überzogen, 2,50 m hoch, im Abstand von 2,50 m, waren weiße Leinentücher angebracht, die vor neugierigen Blicken von außen schützen sollten. Die Leinentücher hatten auch den Sinn, die Verbindung des inneren Hofes von der Außenwelt zu trennen. Der Eingangsbereich im Osten war mit vier Teppichen versehen und wurde das **Tor** genannt.

Innerhalb des Vorhofes gegenüber dem Tor stand der **Brandopfer-Altar**, auf dem das Sühnopfer dargebracht wurde. Der Brandopfer-Altar steht nach neutestamentlicher Deutung für das Kreuz, an dem Jesus den Menschen mit Gott versöhnt hat. Zwischen Brandopfer-Altar und Stiftshütte stand ein kupfernes, mit Spiegeln ausgelegtes **Waschbecken**. Hier mußten die diensttuenden Priester ihre rituellen Waschungen vollziehen, bevor sie den vorderen Raum der Stiftshütte, das Heiligtum, betraten. Als königliche Priester sind die Nachfolger Jesu nach neutestamentlicher Übertragung gewaschen durch das Wasserbad im Wort (Eph.5,26; Titus 3,5).

2. Im westlichen Teil des Vorhofes befand sich das eigentliche Heiligtum – die **Stiftshütte**. Sie bestand aus 48 mit Gold überzogenen Akazienholzbohlen, 50 x 75 cm im Umfang und 5 m hoch. Eine Bohle hatte das Gewicht von etwa 37 Zentnern. An der Außenseite jeder Bohle waren vier goldene Ringe angebracht, durch die Stangen (Riegel) geschoben wurden, welche die Wände zusammenhielten. Eine fünfte Stange wurde durch Bohrungen in der Achse aller 48 Bohlen geschoben. Dazu standen die Bohlen auf silbernen »Füßen«.

> **Anmerkung:**
> Das enorme Gewicht der Akazienholzbohlen ergibt sich aus dem Raummaß jeder Bohle, das mit dem Eigengewicht multipliziert wird: 0,50 m x 0,75 m x 5,00 m = 1,875 cbm. Das Eigengewicht für tropische Harthölzer ist mit 1 t pro cbm festgelegt. Daraus ergibt sich das Gewicht einer Bohle mit 1,875 t = 37,5 Zentner.

Die Stiftshütte war durch einen **Vorhang** in zwei Räume geteilt. Im vorderen Raum, dem **Heiligtum**, den die Priester durch die **Tür** täglich betreten durften, standen der **Schaubrot-Tisch** mit zwölf Brotfladen, nach der Zahl der Stämme Israels, der siebenarmige **Leuchter** (die Menorah) und der **Räucher-Altar**. In der Gegenüberstellung der Gegenstände im Heiligtum zum Neuen Testament wird die geistliche

Bedeutung klar. Wie die Priester in der Gegenwart des Lichtes Gottes ihren Dienst taten, so auch die an den Messias Jesus Glaubenden, denn Jesus ist das Licht der Welt (Joh.8,12). Wie die Priester Gemeinschaft mit Gott durch das Essen der Brotfladen hatten, so auch die an den Messias Jesus Glaubenden, denn Jesus ist das Brot des Lebens (Joh.6,35.48.51). Wie die Priester die Kräuter auf dem Räucher-Altar als Zeichen der Andacht und Anbetung verbrannten, so steigen auch die Gebete der Heiligen wie ein Rauchopfer zu Gott empor (Offb.5,8; 8,3.4).

3. Der zweite Raum, das **Allerheiligste,** enthielt die **Bundeslade.** Dieser Raum durfte nur einmal im Jahr, am Großen Versöhnungstag (Jom Kippur) und zwar nur vom Hohenpriester – **nicht ohne** das Blut der Versöhnung – betreten werden. Auch hier gibt es eine neutestamentliche geistliche Anwendung. Wie der Hohepriester das Allerheiligste durch den **Vorhang** betrat, so dürfen auch die an den Messias Jesus Glaubenden das Heiligtum betreten, denn der neue, lebendige Weg durch den Vorhang ist das Fleisch Jesu (Hebr.10,19.20). Der Vorhang zerriß, als Jesus rief: »Es ist vollbracht!« (Matth.27,51), wodurch er den Weg in die Gegenwart Gottes freigemacht hat.

Die **Stiftshütte** hatte den Zweck, Israel dem Götzendienst fernzuhalten und Gott zuzuwenden. Das Heiligtum und sein Opferritual nahmen daher in der Thora (fünf Bücher Mose) und im Leben des alten Israel einen besonderen Platz ein, wodurch Gottes Plan verwirklicht werden sollte, das auserwählte Volk auf seine geistliche Aufgabe vorzubereiten. So sollte das Heiligtum dem Gesetz Gottes verstärkt Nachdruck verleihen. Es war aber auch den Kindern Israel ein ständiger Hinweis auf die Anwesenheit Gottes in ihrer Mitte, wodurch das Leben als Einzelpersönlichkeit wie das der Volksgemeinschaft positiv beeinflußt werden sollte. Wie Gott und sein Stiftszelt heilig waren, so sollte das Streben nach **Heiligung** zum Leitmotiv im Leben eines jeden Israeliten werden. Israel sollte sich von jeder Verunreinigung weit entfernt halten, weil der EWIGE als zentrale Mitte des Volkes gegenwärtig war. Seine ständige Gegenwart wurde durch die weithin sichtbare Wolken- und Feuersäule über der Stiftshütte unterstrichen.

Nach 480 Jahren löste der Tempel Salomos das »Heiligtum in der Wüste« ab (1.Kö.6,1). Weitere 434 Jahre später wurde dieser erste Tempel durch den babylonischen König Nebukadnezar zerstört (2.Chro.36,19-21) und nach 70 Jahren durch Esra wieder aufgebaut (Esra 6,7ff. Im Jahre 70 n.Chr. wurde der durch König Herodes den Großen restaurierte zweite Tempel von den Römern endgültig zerstört.

Damit existierte das zentrale Heiligtum in Jerusalem nicht mehr, und der Alte Bund mit dem Opferkult hörte auf.

Heute gibt es in Israel unter den orthodoxen Juden ein starkes Wiedererwachen der Vorstellung, zuerst müsse der Tempel mit all seinen religiös-rituellen Praktiken errichtet werden, bevor der Messias kommen könne. Darum setzen sie alles daran, diese Idee zu verwirklichen, wobei allerdings übersehen wird, daß Gott nicht hinter seinen Plan der Erlösung und Versöhnung, der in dem Messias Jesus erfüllt und vollendet ist, zurückgeht. Ein Schriftbeleg, der die Errichtung eines dritten Tempels bestätigt, findet sich weder in der Hebräischen Bibel (AT) noch im Neuen Testament!

> **Anmerkung:**
> Der Einwand mancher Bibelausleger, Hesekiel würde von einem zukünftigen Tempel sprechen (Hes.40-48), ist nur bedingt zu berücksichtigen, denn die dortigen Maßangaben sprengen eine reale, nachvollziehbare Verwirklichung des Bauvorhabens. Weder nach Israels Rückkehr aus Babylon noch zu Herodes´ Zeiten sind die Visionen Hesekiels verwirklicht worden. Würden sie zum gegenwärtigen Zeitpunkt in Jerusalem verwirklicht werden, müßte die ganze Stadt evakuiert und müßten alle Häuser abgerissen werden. Was Hesekiel *sah*, war wohl eher der geistliche Tempel im himmlischen Jerusalem (das ist die Gemeinde), auf den Johannes in Offenbarung 21 Bezug nimmt.
>
> Auch der Hinweis auf 2.Thess.2,4, wo sich der Antichrist in den Tempel Gottes setzt, kann als Beweis für die Notwendigkeit der Errichtung eines dritten Tempels nicht herangezogen werden. Vielmehr spricht der Apostel Paulus von der Gemeinde als Tempel des Heiligen Geistes (1.Kor.3,16.17), denn der Widersacher kommt aus den eigenen Reihen.

Die Stiftshütte zeigt den Weg des sündigen Menschen zum heiligen Gott. Darüberhinaus ist sie ein Vorbild (Schatten) auf Jesus hin, denn er ist der Weg...und niemand kommt zum Vater, außer durch ihn (Joh.14,6). In der Stiftshütte geht es mit dem Blut der Versöhnung um die Herrlichkeit und Gegenwart des lebendigen Gottes. Dabei beginnt der EWIGE den Weg zu dem sündigen Menschen immer bei sich selbst, d.h. im Allerheiligsten. Er zeigt immer zuerst das Ziel und dann den Weg, wie das Ziel erreicht werden kann. Dieser Weg führte von der Bundeslade (2.Mo.25) zum opfernden Priester (2.Mo.28). Durch

Der Weg des EWIGEN zu dem sündigen Menschen:

- die Bundeslade   2.Mo.25,10-16
- der Gnadenthron
  (Sühnedeckel)   2.Mo.25,17-22
- der Schaubrottisch   2.Mo.25,23-30
- der Leuchter (Menorah)   2.Mo.25,31-40
- der Räucheraltar   2.Mo.30,1-7
- die Wohnung (Stiftshütte)   2.Mo.26
- das Handwaschbecken   2.Mo.30,17-21
- der Brandopferaltar   2.Mo.27,1-8

Der Weg des sündigen Menschen zu dem EWIGEN:

den Opfertod Jesu führt der Weg vom Brandopferaltar (Kreuz) in das Allerheiligste zu Gott. Diesen Weg mußten die Priester im Alten Bund gehen, weil es für den Sünder der einzige Weg zu dem EWIGEN war.

Im Neuen Testament wird die Stiftshütte im Hebräerbrief dargestellt als
– Abbild und Schatten   (Hebr.8,5)
– Gleichnis   (Hebr.9,9)
– Gegenbild   (Hebr.9,24)
des himmlischen Heiligtums, in das Jesus mit seinem Blut hineingegangen ist (Hebr.9,14).

In der Hebräischen Bibel (AT) wird die Stiftshütte dargestellt als
– Wohnung   (2.Mo.25,9)
– Heiligtum   (2.Mo.25,8)
– Hütte des Stifts   (2.Mo.29,42)
– Hütte des Zeugnisses   (4.Mo.18,2)
– ein Bild auf den Messias Jesus...denn das Wort wurde Fleisch und zeltete unter uns (Joh.1,14).

Durch die Stiftshütte wird der Messias Jesus schon in der Hebräischen Bibel (AT) in wunderbarer Weise vorgestellt.
Die Stiftshütte hat drei Bereiche mit jeweils nur einem Eingang:
– der Vorhof   (2.Mo.27,16): Tor
– das Heiligtum   (2.Mo.26,36): Tür
– das Allerheiligste   (2.Mo.26,31): Vorhang

Der **Vorhof** war für das Volk vorgesehen, im **Heiligtum** dienten die Priester, und das **Allerheiligste** durfte der Hohepriester betreten, allerdings nur mit dem Blut des Sühnopfers. Das war am Jom Kippur, dem Großen Versöhnungstag.

Der Umhang
2.Mose 38,9-20

Begann der Weg des EWIGEN zum sündigen Menschen bei der Bundeslade, war die Reihenfolge des Weges, den der sündige Mensch zu Gott gehen mußte, genau umgekehrt. Das wurde schon aus der Reihenfolge des Aufbaus der Stiftshütte ersichtlich. Da stand der sündige Mensch außerhalb der Gemeinschaft mit Gott, denn der weiße Umhang bedeutete **Trennung**. Die Farbe Weiß deutete auf die Heiligkeit des Ortes hin. Das Tor war der einzige Weg, um in die Gegenwart Gottes zu gelangen. Es war immer offen. Allerdings konnte der sündige Mensch den Vorhof zum Heiligtum nur dann betreten, wenn er ein Opfertier brachte.

Der Brandopfer-Altar
2.Mose 38,1-7

Der Brandopfer-Altar war die Stätte des Gerichts, denn hier wurde das Todesurteil vollstreckt, indem ein Opfertier an Stelle des sündigen Menschen starb. Dabei spielte das Blut des Opfertieres eine wichtige Rolle:

> *»Denn die Seele des Fleisches ist im Blute, und ich habe es für euch bestimmt auf den Altar, zu sühnen eure Seelen, denn das Blut selbst sühnt durch die Seele«* (3.Mo.17,11).

> **Anmerkung:**
> Die Lebensgrundlage des Tieres liegt im Blut. Obwohl Leben und Blut nicht identisch sind, ist das Blut doch der Hauptträger des Lebens. Blut ist daher etwas Geheiligtes, was im Judentum dem alltäglichen Gebrauch als Nahrungsmittel entzogen war.
> Mit **Seele** ist im Judentum der Mensch in seiner leiblichen Existenz gemeint.

Der sündige Mensch trat nun mit seinem Opfertier an den Brandopferaltar und legte seine Hände auf den Kopf des Tieres. Dadurch wurden Mensch und Tier *eins* in der Schuld. Das Tier starb danach den Tod an Stelle des sündigen Menschen (2.Mo.29,10-12). Darauf bezieht sich der Apostel Paulus in seinem Brief an die Römer:

> *»Denn der Lohn der Sünde ist der Tod, die Gnadengabe (das Geschenk!) Gottes aber ewiges Leben in Christus Jesus, unserem HERRN« (Rö.6,23).*

An der Stelle des Brandopfer-Altars steht im Neuen Testament das **Kreuz**, wo der EWIGE in seiner Weisheit eine ewige Erlösung erwirkt hat, denn Jesus starb dort als das **Lamm Gottes**! Das beschrieb der Prophet Jesaja im Blick auf den Messias Jesus in wunderbarer Weise, denn der Knecht Gottes wurde durchbohrt wegen der Treuebrüche des Volkes Gott gegenüber. Wegen dieser Sünde wurde er zerschlagen. Er ertrug die Züchtigung, um Frieden zu machen zwischen Gott und dem Menschen. Durch Seine Striemen hat er dem Sünder Heilung gebracht (Jes.53,5). Dazu heißt es im Hebräerbrief: Wieviel mehr wird das **Blut** des Messias, der sich selbst durch den ewigen Geist als fehlerloses Opfer Gott dargebracht hat, uns **reinigen** (Hebr.9,14). Der Knecht Gottes starb wie ein Schlachtschaf, das sein Leben als Schuldopfer gab (Jes.53,10). Dazu schrieb Johannes, daß das Blut des Messias Jesus uns rein macht von jeder Sünde (1.Joh.1,7)! Jesaja sagt, daß der EWIGE den Knecht alle unsere Schuld treffen ließ (Jes.53,6), was Paulus bestätigt hat; denn Gott hat den, der Sünde nicht kennt, für uns zur Sünde gemacht (2.Kor.5,21). Der Knecht Gottes hat sein Leben in den Tod gegeben, so sah es Jesaja (Jes.53,12), und Jesus rief: »Es ist vollbracht!«, und er starb (Joh.19,30).

> *»Also gibt es jetzt keine Verdammnis für die, welche in Christus Jesus sind« (Rö.8,1).*

Das Waschbecken
2.Mose 30,17-21

Nach Gottes Gebot durften nur die Priester das Heiligtum betreten. Der Israelit mußte draußen im Vorhof am Altar stehenbleiben. Nun schrieb der Apostel Petrus, daß jeder zum Priester geworden ist, der das Opfer Jesus angenommen hat (1.Petr.2,9). Wer also den Brandopfer-Altar (das Kreuz) passiert hat, hat freien Zugang in das Heiligtum, ja, sogar bis in das Allerheiligste hinein, denn Jesus hat den Weg frei gemacht, indem er selbst zum Weg wurde (Joh.14,6a).

Auf dem Weg zum Heiligtum mußten die Priester am Waschbecken vorbei, das ihnen zur Reinigung diente (2.Mo.40,30-32). Es war aus Erz hergestellt und innen mit Spiegeln der Frauen ausgelegt (2.Mo.38,8). Dadurch konnten sich die Priester sehen und wurden sich ständig ihrer menschlichen Unvollkommenheit bewußt. Für den Christen ist das Wort Gottes der Spiegel (Jak.1,23). Im Neuen Testament wird die Bedeutung des Waschbeckens auf das neue Leben mit Gott übertragen, denn Jesus sagte zu dem Gelehrten Nikodemus:

*»Wahrlich, wahrlich, ich sage dir: Wenn jemand nicht aus **Wasser** und Geist geboren wird, kann er nicht in das Reich Gottes eingehen« (Joh.3,5).*

Auch der Apostel Paulus wies seinen Freund Titus darauf hin, daß der Heiland Gottes ihn errettet hat durch die **Waschung** der Wiedergeburt und Erneuerung im Heiligen Geist (Titus 3,5). Und der Gemeinde in Ephesus schrieb Paulus, daß der Messias sie geliebt und sich für sie geopfert hat, um sie zu heiligen und zu **reinigen**, durch das **Wasserbad** im Wort (Eph.5,26)!

Während am Brandopferaltar der Sünder starb, empfing er am Waschbecken neues Leben, in dem er dann auch wandeln sollte (Rö.6,4). Brandopfer-Altar und Waschbecken standen im Vorhof *vor* der Stiftshütte mit ihrem Heiligtum und Allerheiligsten. Nur wer Brandopferaltar und Waschbecken passiert hatte, durfte in das Heiligtum eintreten. So ist auch Gemeinschaft mit Gott nur durch Versöhnung und Wiedergeburt möglich.

In der folgenden Grafik werden die Begriffe **Glaube**, **Bekehrung** und **Wiedergeburt** in ihrer Bedeutung erklärt:

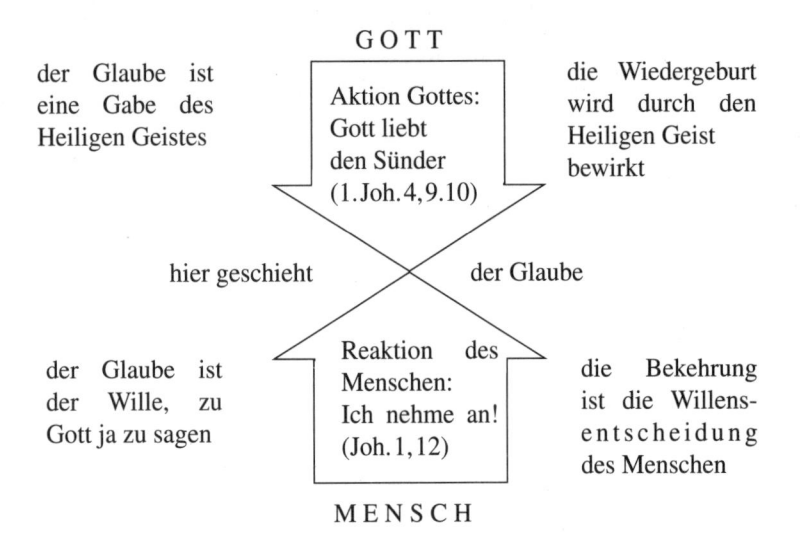

```
                           GOTT
                    ┌──────────────┐
der Glaube ist      │ Aktion Gottes:│      die Wiedergeburt
eine Gabe des       │ Gott liebt    │      wird durch den
Heiligen Geistes    │ den Sünder    │      Heiligen Geist
                    │ (1.Joh.4,9.10)│      bewirkt
                    └──────────────┘

      hier geschieht    ✕    der Glaube

                    ┌──────────────┐
der Glaube ist      │ Reaktion des │      die Bekehrung
der Wille, zu       │ Menschen:    │      ist die Willens-
Gott ja zu sagen    │ Ich nehme an!│      entscheidung
                    │ (Joh.1,12)   │      des Menschen
                    └──────────────┘
                         MENSCH
```

Demnach beginnt der Glaube nicht da, wo der Mensch seinen Verstand aufgibt, sondern da, wo er seinen Widerstand gegen Gott aufgibt. Die Behauptung, daß der Mensch nicht glauben kann, ist nicht haltbar. Jeder Mensch kann glauben – wenn er **will**.

Das Heiligtum
2.Mose 36,8 – 37,29

Im Heiligtum lebten die Priester in enger Lebensgemeinschaft mit Gott. Wie nun der Mensch zum natürlichen Leben drei Dinge braucht, nämlich Licht, Luft und Nahrung, so ist es auch im geistlichen Leben. Diese drei Dinge befanden sich im Heiligtum:
– Licht = Leuchter
– Luft = Räucher-Altar
– Nahrung = Schaubrottisch.

Wie der Fisch sein Lebenselement Wasser und der Vogel die Lüfte braucht, so braucht auch der Mensch sein besonderes Lebenselement – das Heiligtum.

Mose wurde von Gott berufen, die Kinder Israel aus dem Diensthause Ägyptens herauszuführen. Der Auszug erfolgte unmittelbar nach dem Pessach-Fest, wo ein Lamm geschlachtet und sein Blut an die Türpfosten gestrichen werden mußte (2. Mose 12). Mose wurde von Gott auf einen Berg im Sinai gerufen, wo er die Zehn Gebote, wie auch die Bauanweisung für die Stiftshütte – das Heiligtum und die Wohnung Gottes – in der Wüste erhielt (2. Mose 19–20; 36–39).

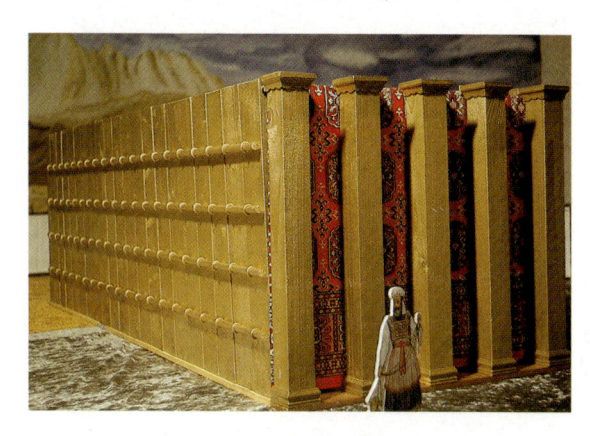

Im ersten Jahr des Auszugs wurde die Stiftshütte gebaut. Sie war 5 m breit, 5 m hoch und 15 m lang. Als transportables »Zelt« bestand sie aus 48 Akazienholzbohlen, von 50 × 75 cm Umfang und 5 m Länge. Je vier Stangen, die durch Ringe gesteckt wurden, hielten die Bohlen zusammen. Alles war mit Gold überzogen.

Blick auf die Stiftshütte ohne Decken.

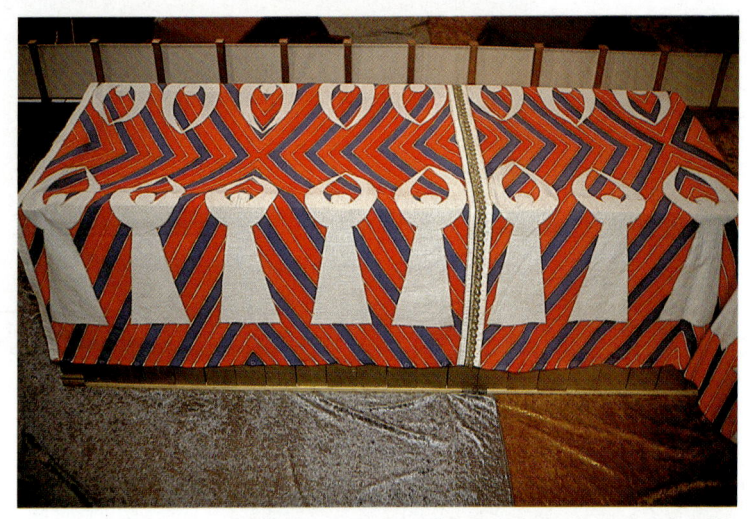

Der »Himmel« in kunstreicher Leinenarbeit mit den Cherubim, als erste »Zeltabdeckung« der Stiftshütte (2. Mose 36,8–13). Er bestand aus zehn Teppichen mit einem Gesamtmaß von 14 m × 20 m (2 Mose 36,8–13).

Der »Himmel« wurde von einem Teppich aus Ziegenhaaren abgedeckt, mit einem Gesamtmaß von 15 m × 22 m (2. Mose 36,14–18). Dieser Teppich erinnerte an den »Sündenbock« (3. Mose 16,20–22). Der Ziegenhaarteppich wurde von einer Decke aus rotgefärbten Widderfellen abgedeckt (2. Mose 26,19). Diese Decke erinnerte an das Blut des Opferlammes (3. Mose 16). Als Schutz gegen Witterungseinflüsse wurde alles noch mit einer einfachen Lederdecke abgeschlossen (2. Mose 36,19). »Dachsfelle« ist irreführend!

Die Stiftshütte war umgeben von einem leinenen Umhang, der den Vorhof von 25 m Breite und 50 m Länge abschloß. Der weiße Umhang war an sechzig mit Kupfer überzogenen Akazienholzsäulen von 2,50 m Höhe angebracht (2. Mose 38, 9–17).

Im Vorhof befand sich der Brandopferaltar, der aus mit Kupfer überzogenem Akazienholz bestand (2. Mose 38, 1–8).

Ebenso das kupferne Waschbecken zur Reinigung der Priester, wenn sie in den vorderen Raum der Stiftshütte – das Heiligtum – gehen wollten.

Am großen Versöhnungstag wurde ein Lamm geschlachtet und sein Blut im Allerheiligsten auf die Bundeslade gesprengt. Danach wurde durch Handauflegung die Sünde des Volkes auf den Sündenbock gelegt, der in die Wüste geschickt wurde.

Im vorderen Teil der Stiftshütte, dem Heiligtum, befanden sich der siebenarmige Leuchter (die Menorah, aus purem Gold), der Schaubrottisch und der Räucheraltar. Diese waren aus Akazienholz und mit Gold überzogen (2. Mose 37, 10–28).

Der Leuchter symbolisiert die Gemeinschaft im Licht (Joh. 8,12).

Der Schaubrottisch weist auf die Mahlgemeinschaft hin (Joh. 6,31).

Der Räucheraltar steht für die Gebete der Heiligen (Offb. 8,3.4).

Die Stiftshütte wurde ein Jahr nach dem Auszug aus Ägypten aufgerichtet (2. Mose 40,2; 3. Mose 9,1).

Durch den äußeren Vorhang ging der Hohepriester täglich in den vorderen Teil der Stiftshütte – das Heiligtum (2. Mose 36,37–38).

Im Allerheiligsten befand sich die Bundeslade, auf die der Hohepriester einmal im Jahr am großen Versöhnungstag (Yom Kippur) das Blut des Opferlammes sprengte (3. Mose 16).

Blick vom Heiligtum durch den »zerrissenen Vorhang« in das Allerheiligste.

Blick in das Allerheiligste mit der Bundeslade.

Die 12 Stämme lagerten sich nach der Anordnung Gottes um das Heiligtum herum (siehe Grafik-»Lagerordnung«)

Auf die kupferne Schlange bezog sich Jesus in Johannes 3,14–16, indem er auf seine Erhöhung und Rettung durch den Glauben hinwies.

Der Leuchter
2.Mose 25,31-40

Gemeinschaft mit Gott haben heißt: in seinem Lichte wandeln (Ps.89,16; Eph.5,8; 1.Joh.1,7). Dieses Licht ist Jesus selbst, der von sich sagte:

»*Ich bin das* **Licht** *der Welt, wer mir nachfolgt, wird nicht in der Finsternis wandeln, sondern wird das* **Licht** *des Lebens haben*« *(Joh.8,12).*

Im Heiligtum gab es keine Fenster, und der Teppichvorhang war immer geschlossen, so daß der Leuchter die einzige Lichtquelle war. Er war aus massivem Gold, was ein Zeichen seiner vollkommenen Reinheit und seines besonderen Wertes war. Die Zahl seiner sieben Öllämpchen war ein Hinweis auf die göttliche Vollkommenheit. Der Leuchter brannte ständig, und die Priester achteten genau darauf, daß die Öllämpchen niemals verloschen. In der Übertragung auf das Leben eines Christen bedeutet das, daß er in der ununterbrochenen Gegenwart des Lichtes Jesu leben soll.

Der Räucher-Altar
2.Mose 30,1-10

Neben dem Licht erfüllte das Räucherwerk die Wohnung Gottes mit einer »heiligen« Atmosphäre. Die Bibel lehrt, daß mit den Räucheropfern die Gebete der Heiligen gemeint sind. Der König David betete:

»*Laß als Rauchopfer vor dir stehen mein Gebet!*« *(Ps.141,2)*

Und der Seher Johannes sah goldene Schalen voller Räucherwerk, welches die Gebete der Heiligen waren (Offb.5,8; 8,3). Das Räucheropfer sollte dem EWIGEN morgens und abends gebracht werden. Das gilt für die Gebete der Gemeinde wie auch jedes einzelnen, denn die Gebete sollen ohne Unterbrechung vor den Thron Gottes gebracht werden (1.Thess.5,17). Das Leben des Christen soll demnach eine ständige innere Gebetshaltung sein. Selbst Jesus **bittet** für Seine Gemeinde (Hebr.7,25; Joh.17,9), indem er sie ununterbrochen vor dem Vater vertritt (1.Joh.2,1).

Der Schaubrottisch
2.Mose 25,23-30

Der Schaubrottisch, auf dem zwölf Brotfladen nach der Zahl der Stämme Israels in zwei Reihen lagen, symbolisierte die Mahl-Gemeinschaft mit Gott. Die Brotfladen, die an jedem Schabbath erneuert wurden, durften die Priester bei ihrem täglichen Dienst essen (3.Mo.24,5-9). Von Jesus heißt es, daß er selbst das Brot des Lebens ist (Joh.6,35). Und so feierte die Gemeinde in der Mahlfeier das Leben der Gemeinschaft mit Jesus in der Gegenwart des Lichtes. Das hatte der Apostel Paulus an die Gemeinde in Korinth geschrieben:

> »*Das Brot, das wir brechen, ist es nicht die **Gemeinschaft** des Leibes des Christus?*« *(1.Kor.10,16b)*

Diese Mahl-Gemeinschaft wurde aber erst *nach* dem Tor, dem Brandopfer-Altar, dem Waschbecken und der Tür möglich. Darum, wer **unwürdig** von diesem Brot ißt, der ist schuldig an dem Leib des HERRN (1.Kor.11,27)!

Das Allerheiligste
2.Mose 36,8 – 37,9

Das Allerheiligste wurde vom Heiligtum durch den Vorhang getrennt. Hier durften auch die Priester nicht weiter. Nur der Hohepriester durfte einmal im Jahr am Großen Versöhnungstag (Jom Kippur) hinter den Vorhang gehen. Bis zur Todesstunde Jesu am Kreuz war der Vorhang auch im Tempel in Jerusalem die natürliche Trennung zwischen Heiligtum und Allerheiligstem. Doch in der Todesstunde Jesu zerriß der Vorhang von **oben** nach **unten** (Matth.27,51). Damit hat Gott den Opfertod seines Sohnes angenommen und den Weg in das Allerheiligste selbst freigegeben. Diesen neuen, lebendigen Weg durch den Vorhang hat Jesus durch sein Fleisch erwirkt (Hebr.10,20). Mit seinem Blut hat er das Heiligtum mit dem Allerheiligsten verbunden. Als priesterliches Volk wird nun die Gemeinde aufgefordert, mit Freimütigkeit in die Gegenwart Gottes zu treten (Hebr.10,19).

Im Allerheiligsten gab es kein Licht, denn der Vorhang zwischen Heiligtum und Allerheiligstem war ständig geschlossen. Er wurde noch nicht einmal am Großen Versöhnungstag geöffnet, denn Gott war im Dunkel der *Schechina* (Wolke der Herrlichkeit Gottes) (2.Mo.20,21).

Im Allerheiligsten stand die **Bundeslade**, in der die zwei Tafeln mit den Geboten Gottes lagen (1.Kö.8,9). Die Bundeslade war mit einem Deckel verschlossen, auf dem sich zwei goldene Cherubim (Engel) befanden. Von diesem Ort aus wollte der EWIGE mit den Kindern Israel durch Mose reden (2.Mo.25,17-22). Mit dem Blut, welches der Hohepriester auf den »Gnadenthron«, bzw. »Sühnedeckel« sprengen mußte (3.Mo.16,15), wurde das gebrochene Gesetz **bedeckt** und dem Anspruch Gottes Genüge getan. Es war das Blut des Opfertieres, welches die Sünde **zudeckte** (Ps.32,1b), bis Jesus kam, um die Sünde **wegzunehmen** (1.Joh.3,5).

Erst das Blut machte es möglich, daß neben dem gebrochenen Gesetz die Herrlichkeit Gottes thronte (2.Mo.40,34-38). Und weil Jesus, der Sohn Gottes, der Hohepriester ist, der durch die Himmel gegangen ist, gilt jedem Menschen die Einladung, zum **Thron der Gnade** hinzuzutreten (Hebr.4,16).

Zusammenfassung der sieben Geräte der Stiftshütte und ihre Bedeutung:

Gerät	Bedeutung	Sinnbild	Schrift
Brandopfer-Altar	Versöhnung durch Opfer	Versöhnung durch Jesus	1.Joh.2,2 1.Joh.4,10
Waschbecken	reinigende Erneuerung	geistliche Erneuerung	Joh.3,5 Titus 3,5
Leuchter	Gemeinschaft im Licht	Jesus, das Licht	Joh.8,12
Räucher-Altar	Fürbitte, Gebet, Anbetung, Lob	Jesus bittet für uns	Joh.17,9 1.Joh.2,1
Schaubrottisch	Gemeinschaft im Mahl	Jesus, das Brot des Lebens	Joh.6,35 Joh.6,48
Bundeslade	Zugang durch das Blut	Jesus, der Weg zu Gott	Joh.14,6
Deckel und Schechina	Gegenwart Gottes	Jesus, der Gnadenthron	Rö.3,25 Hebr.4,16

Die Aufrichtung der Stiftshütte
2.Mose 40

Endlich war es soweit, daß die Stiftshütte aufgerichtet werden konnte, denn der EWIGE sprach zu Mose:

> »*Am ersten Tage des ersten Monats sollst du aufstellen die Wohnung des Stiftszeltes*« *(2.Mo.40,1.2).* »*Und es geschah im ersten Monat im* **zweiten** *Jahr am ersten des Monats, wurde die Wohnung aufgestellt*« *(2.Mo.40,17).*

Diese Zeitangabe ist ein deutlicher Hinweis darauf, daß inzwischen **neun** Monate nach der Ankunft des Volkes Israel am Sinai vergangen waren. Israel hatte **drei** Monate nach dem Auszug aus Ägypten die Wüste Sinai erreicht (2.Mo.19,1). In diesen drei Monaten war es zuerst in östlicher Richtung gezogen. Die Orte: Marah (Bitterkeit), Elim (wörtl.: Terebinthen), Massah (Versuchung) und Meriba (Zank) waren sicher keine vorhandenen, allgemein bekannten Orte, sondern hatten ihre Namen durch die dort geschehenen Ereignisse erhalten. Schon vier Wochen nach dem Auszug begegnete Mose seinem Schwiegervater Jethro (2.Mo.18). Das ist erklärlich, weil der aus Midian im Osten kam, indem er den Handelsweg zwischen Ägypten und Arabien benutzte (siehe Karte). Sieben Wochen nach dem Auszug erschien Gott und rief Mose zu sich auf den Berg. Wo sich dieser Berg befunden hat, ist nicht mit Sicherheit festgestellt worden, da bisher alle Forschungen in dieser Richtung ergebnislos verlaufen sind. Der Hinweis auf eine Abgrenzung am Fuße des Berges (2.Mo.19,12.13) findet seine Erklärung in den folgenden Naturereignissen bei der Erscheinung des EWIGEN (2.Mo.19,16-19). Nach dieser Schilderung könnte der »Gottesberg« heute ein erloschener Vulkan sein. Spätestens drei Monate nach dem Auszug endet die Berichterstattung. Sie setzt erst am 1.Tag des 1.Monats im 2.Jahr des Auszugs mit der Aufrichtung der Stiftshütte wieder ein (siehe Chronologie des Auszugs).

Was hatte Israel in der Zwischenzeit gemacht?

Zuerst offenbarte sich der EWIGE seinem Volk vom Berge aus. Er gab ihm das Gesetz als Lebensordnung sowie die Bauanleitung zur Herstellung des Heiligtums. Nach jüdischer Tradition dauerte der Bau mit allen Holz-, Metall-, Stoff- und Fellarbeiten etwa 4 Monate. Da Israel vor allen Dingen Akazienholz und Kupfer brauchte, zog es wahrscheinlich auf dem Weg der Kupfer- und Türkis-Minen in den Süden des Sinai. Bei seinem Auszug bekam Israel viel Gold und Silber von den Ägyptern (2.Mo.3,22; 12,35). Nur Kupfer besaß es nicht. Das war aber im Süden des Sinai vorhanden, in der Gegend von **Paran**. Das Wadi Paran ist heute das längste Trockenflußbett im südlichen Sinai und besitzt die größte Oase mit Tausenden von Palmen sowie ergiebigen Wasserquellen. Zur Zeit der Pharaonen war diese Gegend ein ausgesprochenes Industriegebiet. Entdeckte Inschriften weisen darauf hin, daß dort zeitweise bis zu tausend Arbeiter tätig waren. Noch heute liegen riesige Halden von Kupferschlacke in den Wadis. Aus dieser Zeit wurden auch Schmelztiegel, Gußformen und **Holzkohle** gefunden. Das beweist, daß der Süden des Sinai bewaldet gewesen sein muß, denn zur Holzkohlengewinnung wird viel Holz benötigt. Daß das Gebiet heute »wüst« ist, liegt daran, daß die Aufforstung vernachlässigt wurde.

Anmerkung:
Italien und Griechenland befinden sich in der gleichen Lage, weil die Wälder vor 2000 Jahren für den Schiffbau abgeholzt wurden. So ist auch die Abholzung der Regenwälder Südamerikas zu einem weltweiten Problem geworden.

Und nun, ein Jahr nach dem Auszug aus der Sklaverei, wurde die Stiftshütte zum erstenmal aufgerichtet. Das hatte wohl eine Woche gedauert, denn am achten Tage wurde das erste Opfer gebracht (3.Mo.9,1).

Kapitel 3
Ein Volk dient Gott

Das 2.Buch Mose lehrt, daß das Opfer der neue, lebendige Weg ist, den Gott für den sündigen Menschen bereitet hat, damit dieser zu ihm kommen kann. Das 2.Buch Mose *zeigt* den Weg (Theorie). Das 3.Buch Mose *geht* den Weg (Praxis), denn hier wird tatsächlich geopfert!

Das 2.Buch Mose beginnt mit Verlorenen.
Das 3.Buch Mose beginnt mit Geretteten.
Das 2.Buch Mose lehrt die Bedeutung der Erlösung.
Das 3.Buch Mose lehrt die Bedeutung der Heiligung.
Das 2.Buch Mose zeigt die Befreiung von antigöttlichen Mächten.
Das 3.Buch Mose zeigt die Hingabe an Gott.

Das 3.Buch Mose ist vielleicht das weithin unbekannteste und unverstandenste Buch der Bibel. Für viele ist es ein verschlossenes Buch, obwohl es eigentlich die Fortsetzung des 2.Buches Mose ist. Der letzte Vers in 2.Mose 40 leitet nahtlos zum ersten Vers in 3.Mose 1 über:

> *»Die Wolke des EWIGEN war über der Wohnung des Tages, und eine Feuerflamme darin nachts vor den Augen des ganzen Hauses Israel auf all ihren Zügen« (2.Mo.40,38). »Und es rief dem Mose zu und redete zu ihm der EWIGE aus dem Stiftszelt...!« (3.Mo.1,1)*

Die lateinische Bezeichnung »*Levitikus*« wird von dem Stamm **Levi**, einem der 12 Stämme Jakobs (Israel), abgeleitet (1.Mo.46,1-27). Dieser Stamm sollte den Dienst am Altar für das Volk vor Gott tun. Darum ist dieses Buch in besonderer Weise der Anbetung Gottes durch sein erlöstes Volk gewidmet. Dabei stehen die Ordnungen des Gottesdienstes, die Heiligkeit Gottes und die Bedeutung des Opfers im Mittelpunkt des Geschehens, die in den Großen Versöhnungstag (Jom Kippur) einmünden (3.Mo.16).

Das 3.Buch Mose umfaßt die kurze Zeit von nur 50 Tagen. Das ist die Zeit zwischen dem 1.Tag im 1.Monat des 2.Jahres nach dem Auszug, als die Israeliten die Stiftshütte aufrichteten (2.Mo.40,17), und dem 20.Tag im 2.Monat des 2.Jahres nach dem Auszug, als das Volk die Wüste Sinai verließ (4.Mo.10,11).

Der Heiligkeit Gottes steht die Sündhaftigkeit des Menschen gegenüber. So kommen die Worte »Heiligkeit«, »heilig« und »geheiligt« mehr als 150 mal vor, die Worte »Sünde« und »unrein« über 190 mal.

Die Absicht des EWIGEN war, Israel in seine Heiligkeit miteinzubeziehen, was zur Folge hatte, daß das Volk von allen antigöttlichen Einflüssen abgesondert leben sollte, denn der EWIGE sprach zu Mose:

> *»Rede zu der ganzen Gemeinde der Kinder Israel und sprich zu ihnen: Heilig **sollt** ihr sein, denn heilig **bin ich**, der EWIGE, euer Gott!« (3.Mo.19,2)*

Das Bleiben in der **Heiligkeit** des EWIGEN fordert die **Heiligung** des Menschen, worauf der Apostel Paulus hingewiesen hat, denn die Heiligung ist **Gottes** *Wille* (1.Thess.4,3). Das Bleiben in der **Heiligung** ist ein ständiger Prozeß, was in der Aufforderung zum Ausdruck kommt, der Heiligung **nachzujagen**, ohne die niemand Gott sehen wird (Hebr.12,14). Da der Mensch diesem Anspruch nicht genügt, braucht er immer wieder die Vergebung und Versöhnung mit Gott – damals, wie heute. War das Blut der Opfertiere das Mittel der Versöhnung für das Volk Israel, ist es nun für alle Menschen das Opferblut des Lammes Gottes – Jesus.

Die fünf Opfer
3.Mose 1-7

Viele Menschen und Hochreligionen dieser Welt versuchen, von sich aus mit Gott in Verbindung zu kommen, aber alle Versuche, und mögen sie noch so fromm sein, müssen an der Mauer der Sünde scheitern (siehe Grafik). Da nützen auch keine Speise-, Tier- oder Menschenopfer etwas.

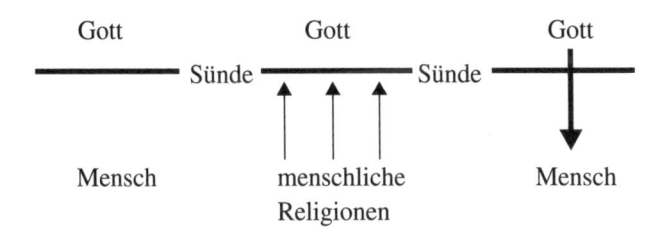

Gott	Gott	Gott
——— Sünde ———	——— Sünde ———	— ╂ —
	↑ ↑ ↑	↓
Mensch	menschliche Religionen	Mensch

In seiner Weisheit hatte der EWIGE das erste Opfer selbst gebracht und den schuldig gewordenen Menschen mit dem **Fell** des Opfertieres »bekleidet« (1.Mo.3,21).

Es galt also nur das von Gott gegebene Opfer, welches die Priester bringen mußten, um damit das Volk zu versöhnen. Nun wird in der

Darstellung und Anwendung der fünf Opfer aus 3.Mose 1-7 das **eine** Opfer des Lammes Gottes – Jesus – ausführlich erklärt. Viele Menschen können mit diesem Opfer nichts anfangen. Es scheint ihnen widersinnig, daß Gott seinen Sohn – also einen Menschen – für die Sühnung der menschlichen Schuld hinrichten ließ. Doch erst durch das Studium der Opfer im Alten Bund, wird das Erlösungswerk in dem Opfer Jesu in seiner ganzen Tragweite verständlich. Er ist das **Pessach-Lamm**, für uns geschlachtet (1.Kor.5,7b). Er ist der **Sündenbock**, der die Sünden der Welt hinweggetragen hat (Joh.1,29).

In der Reihenfolge der Darstellung der Stiftshütte ging der EWIGE den Weg aus dem Allerheiligsten zum Brandopfer-Altar. Beim Aufbau der Stiftshütte ging der sündige Mensch den umgekehrten Weg – vom Brandopfer-Altar in das Allerheiligste. In der Reihenfolge der Opfer ging der EWIGE den gleichen Weg. Er begann beim **Brandopfer** und endete beim **Schuldopfer**. Der sündige, vor Gott schuldig gewordene Mensch, ging den Weg zum heiligen Gott in umgekehrter Reihenfolge, denn er begann immer beim Schuldopfer. Dabei war das Opfer die **Brücke** zwischen dem heiligen Gott und dem durch Übertretung des Gesetzes schuldig gewordenen Menschen, wobei das Blut eine wichtige Rolle spielte (3.Mo.17,11; Hebr.10,19.20).

...Das Brandopfer – Ganzopfer   3.Mose 1

Das Brandopfer, das ein Ganzopfer war, wobei **alles** verbrannt wurde, erinnert an die totale Unterwerfung unter den Willen Gottes. Es ist die älteste und gebräuchlichste Form des Opfers eines von seinem Gewissen getriebenen Menschen: sei es aus dem Bewußtsein seiner Entfremdung von Gott oder sei es zur Sühnung böser Gedanken oder unwissentlich begangener Sünden.

> **Anmerkung:**
> Hiob, als das vor Gott verantwortliche Familien- und Sippenoberhaupt, opferte Brandopfer, wenn seine Söhne eine »Party« feierten, denn er dachte: »Vielleicht haben meine Söhne Gottes Wege verlassen (gesündigt) und haben Gott abgesagt in ihrem Herzen« (Hiob 1,5).

Nach jüdischem Recht stand es selbst den Nationen frei, ihr Opfer dem Allerhöchsten in dieser Form zu bringen.

Die strengen Vorschriften in bezug auf die Beschaffenheit der Opfertiere und die Art der Opferung fanden in dem *einen* Opfer des Messias Jesus ihre Erfüllung und Vollendung. Er ist das **Brandopfer – Ganzopfer** – von Ewigkeit her. Dieses vollkommene Opfer war für Gott »ein Feuer des süßen Geruchs«, was darauf hinweist, daß es Gott angenehm war. So war auch der Messias, der uns liebt und sich selbst für uns dahingegeben hat als Darbringung und Opfer für Gott »ein Duft des Wohlgeruchs« (Eph.5,2).

Durch das Auflegen der Hände auf den Kopf des Opfertieres wurden zwei eins in der Schuld. Auch Jesus, der Sünde nicht kannte, wurde für uns zur Sünde gemacht, denn der EWIGE warf alle unsere Sünde auf ihn (2.Kor.5,21; Jes.53,6). Damit trat Jesus mit seinem Tod am Kreuz an die Stelle des Brandopfers, welches die Grundlage zur Erlösung des Menschen ist. Wie das Brandopfer ein freiwilliges **Ganzopfer** war, so hat sich auch Jesus für Sünder freiwillig – aus Liebe – geopfert!

...Das Speisopfer   3.Mose 2

Das Speisopfer war das einzige Opfer, bei dem **kein Blut** vergossen wurde. Es weist also nicht auf das Sterben Jesu hin, sondern auf Sein Leben hier auf Erden.

Im Speisopfer wurde das geopfert, was der Mensch zum täglichen Leben brauchte: Mehl, Oel und Kräuter, wobei Oel das Mittel der Weihung darstellte und Kräuter (Weihrauch) ein Sinnbild für Andacht waren.

- **Mehl** gehört zu den wichtigsten Grundnahrungsmitteln des täglichen Lebens (z.B. Brot). Jesus ist das Brot des Lebens (Joh.6,51), aber er mußte sich in den Tod geben wie das Weizenkorn, das in die Erde fällt und stirbt, ehe es Frucht bringen kann (Joh.12,24).
- **Öl** – hier Olivenöl – gehörte zu den Grundnahrungsmitteln der damaligen Zeit. Neutestamentlich übertragen, ist es ein Bild für den Heiligen Geist, denn wie das Öl über das Mehl gegossen wurde, so wurde auch Jesus (das Brot des Lebens) mit Heiligem Geist und Kraft zum Messias gesalbt (Apg.10,38).
- **Kräuter** (Weihrauch) wurden zur Würzung der Speisen gebraucht. Ihr Duft machte alle Speisen lieblich und wohlgefällig. Als Jesus im Jordan getauft wurde, sprach eine Stimme vom Himmel:

»Du bist mein geliebter Sohn, an dir habe ich Wohlgefallen gefunden« (Mark.1,11).

Beim Speisopfer sollten Sauerteig und Honig **nicht** verwendet werden.

- **Sauerteig** ist ein Sinnbild für Sünde als Prozeß sittlicher Gärung, worauf der Apostel Paulus hingewiesen hat:

*»Wißt ihr nicht, daß ein wenig Sauerteig den ganzen Teig durchsäuert? Fegt den alten Sauerteig aus, damit ihr ein neuer Teig seid, wie ihr ja bereits ungesäuert seid! Denn auch unser Passah, Christus, ist geschlachtet. Darum laßt uns Festfeier halten, nicht mit altem Sauerteig, auch nicht mit dem Sauerteig der Bosheit und Schlechtigkeit, sondern mit **Ungesäuertem** der Lauterkeit und Wahrheit« (1.Kor.5,6-8).*

> **Anmerkung:**
> Jesus benutzte den Sauerteig allerdings auch in positiver Weise als Gleichnis für die Auswirkungen des Königreiches Gottes – die Gemeinde (Matth.13,33).

- **Honig** galt in heidnischen Kulturen als Lieblingsspeise der Götter. Dieses Verbot sollte die Israeliten vor der entwürdigenden Vorstellung bewahren, daß die Opfer Gott als Nahrung dienen könnten.

Alle Opfer sollten mit **Salz** gesalzen werden, denn Salz hat eine konservierende Wirkung. So sagte Jesus zu seinen Jüngern, daß sie das **Salz** der Erde seien (Matth.5,13). Obwohl das eine hohe Berufung ist, werden die Nachfolger Jesu aufgefordert, **Salz** bei sich zu haben und Frieden untereinander zu halten (Mark.9,50 b).

Das **Speisopfer** war »ein Hochheiliges und dem HERRN ein Feuer des süßen Geruchs«, was ein Hinweis darauf ist, daß Gott das Opfer angenommen hatte. Wie das Brandopfer war das Speisopfer freiwillig. Auch das Leben eines Christen soll ein freiwilliges Speisopfer sein, denn Jesus sagte:

»Wenn jemand mir nachkommen will, der verleugne sich selbst und nehme sein Kreuz auf und folge mir nach. Denn wenn jemand sein Leben erretten will, wird er es verlieren, wenn aber jemand sein Leben verliert um meinetwillen, wird er es finden« (Matth.16,24.25).

...Das Dankopfer   3.Mose 3

Im Dankopfer wurde die Gemeinschaft zwischen Gott und Mensch dargestellt. Wörtlich heißt es **Friedensopfer**. Wie vom Speisopfer, so durften die Priester auch vom Dankopfer das »Übrige« essen, denn bei diesem Opfer sollte nur das Blut auf den Altar gesprengt und das Fett verbrannt werden, während die Priester das Fleisch essen durften (3.Mo.7,15).

Im Neuen Testament heißt es, daß alle, die den Namen des HERRN Jesus Christus anrufen, durch Gottes Treue zur Gemeinschaft mit ihm berufen sind (1.Kor.1,2.9), der **Frieden** gemacht hat durch das Blut Seines Kreuzes (Kol.1, 20). Um dieser leiblich-existentiellen Gemeinschaft Ausdruck zu verleihen, sagte Jesus:

> *»Wer mein Fleisch ißt und mein Blut trinkt, hat ewiges Leben, und ich werde ihn auferwecken am letzten Tag, denn mein Fleisch ist wahre Speise, und mein Blut ist wahrer Trank. Wer mein Fleisch ißt und mein Blut trinkt, bleibt in mir und ich in ihm« (Joh.6,54-56).*

Wie im Alten Bund das Dankopfer die Gemeinschaft des Menschen mit Gott darstellte, so bildet es neutestamentlich die Grundlage zur Mahlgemeinschaft mit dem Messias Jesus, worauf der Apostel Paulus die Gemeinde in Korinth hingewiesen hat:

> *»Der Kelch der Segnung, den wir segnen, ist er nicht die Gemeinschaft des Blutes des Christus? Das Brot, das wir brechen, ist es nicht die Gemeinschaft des Leibes des Christus?« (1.Kor.10,16)*

Wie das Brand- und Speisopfer so war auch das Dank- bzw. Friedensopfer **freiwillig**. Und weil Jesus Frieden gemacht hat, sollen auch Seine Nachfolger Friedens-Stifter sein (Matth.5,9). Da das ein ständiger Prozeß ist, fordert das Wort Gottes dazu auf, den Frieden zu suchen und ihm nachzujagen (Ps.34,15; 1.Petr.3,11; Hebr.12,14).

...Das Sündopfer   3.Mose 4,4 – 5,13

Die beiden folgenden Opfer stellen den Anspruch der göttlichen Heiligkeit dar. Sie weisen auf die Sünde und ihre Vergebung hin (3.Mo.4,20.26.31.35). Die einleitenden Worte in 3.Mose 4 weisen auf die Notwendigkeit des Sündopfers hin, d.h. sie sind **Pflichtopfer**. Alle Menschen haben gesündigt durch Übertretung der ersten drei Gebote und sind damit schuldig geworden vor dem lebendigen Gott. Dabei spielt die gesellschaftliche Stellung, die jemand einnimmt, keine Rolle. Jeder, der **sündigt**, ob Priester oder Gemeinde, ob hochgestellte Persönlichkeit oder einfacher Mensch, verfehlt das wahre Ziel seines Lebens: die Gemeinschaft mit Gott und den daraus resultierenden Segen.

In der Beschaffenheit der Tiere gab es keinen Unterschied zu den vorherigen Opfern. Nur wurde die Stellung des Priesters im Gegensatz zur Gemeinde bei der Anwendung des Blutes besonders hervorgehoben, denn das Blut des Sündopfers sollte in der Stiftshütte siebenmal vor den Vorhang gesprengt werden. Außer dem Fett, das auf dem Brandopfer-Altar verbrannt werden sollte, wurde das Übrige außerhalb des Lagers an einer »reinen Stelle« verbrannt. In der neutestamentlichen Übertragung ist der Messias Jesus unser **Sündopfer**, denn er starb außerhalb Jerusalems auf dem Hügel Golgatha. So wird auch die Gemeinde aufgefordert, aus dem Lager hinauszuziehen zu ihm, um seine Schmach zu tragen (Hebr.13,11-13). Wie nun der Priester das Volk durch das Sündopfer mit Gott versöhnte, so hat auch der Messias Jesus die Menschheit mit Gott versöhnt, denn er ist mit seinem Blut ein für allemal in das Heiligtum gegangen und hat eine ewige Erlösung erworben (Hebr.9,12).

...Das Schuldopfer   3.Mose 5,14-26

Das Schuldopfer sollte wie das Sündopfer sein, denn die beiden waren **ein Gesetz**, d.h. eine Weisung (3.Mo.7,7). Der Unterschied in der Anwendung lag darin, daß das Schuldopfer für die Übertretung der folgenden sieben Gebote gebracht wurde, die das Verhältnis zwischen einem Menschen und seinem Nächsten regeln. Es war das Opfer für die täglichen **Verfehlungen** gegen Gott und den Nächsten, denn wenn ein Mann oder eine Frau irgendeine **Sünde** gegen einen Menschen tat und sich damit an dem HERRN versündigte, so hatte die Seele eine **Schuld** auf sich (4.Mo.5,6). Die Schuld, die der Beter mit den Worten bekennt: »...und vergib uns unsere Schuld, wie wir vergeben unseren Schuldigern«, treibt ihn zu dem EWIGEN hin, denn...

> *»...wenn wir unsere Sünden bekennen, ist er treu und gerecht, daß er uns die Sünden vergibt und uns reinigt von jeder Ungerechtigkeit« (1.Joh.1,9).*

Im Judentum waren die Opfervorschriften ein Zeichen göttlicher Liebe zu Israel, wobei die Rabbinen darauf hinweisen, daß **Gehorsam** gegen

Gott und **Liebe** zum Nächsten größer sind als alle Opfer zusammen. Die Praxis der Opfer war nur dann wirksam, wenn die **Wiedergutmachung** dem Opfer vorausging (3.Mo.5,24). Zweck des Schuldopfers war, Frieden unter die Menschen und damit zwischen Gott und Mensch zu bringen. Das hat Jesus vollbracht, der sein Leben zum Schuldopfer gegeben hat (Jes.53,10), und durch seinen **Frieden** hat er beide (Juden und Nichtjuden) mit Gott **versöhnt** in seinem Leibe durch das Kreuz (Eph.2,16).

Anmerkung:
Der Israelit mußte immer zuerst das Schuldopfer bringen, d.h. er mußte sich immer zuerst mit seinem Nächsten versöhnen, bevor er mit seinem Sündopfer vor Gott erscheinen konnte.

Chronologie der fünf Opfer

1. Brandopfer   3.Mose 1   (freiwillig)
– Ganzopfer –

Ausdruck	– die Unterwerfung unter den Willen Gottes (Matth.26,39)
Jesus	– ist das Brandopfer von Ewigkeit her (1.Petr.1,19.20)
Beschaffenheit	– Tier ohne Gebrechen (Hebr.9,14; 1.Petr.1,19)
Ausführung	– auf Holz gelegt (1.Petr.2,24)
Angenommen	– ein Feuer des süßen Geruchs (Eph.5,2)
Brandopfer	– ist die Grundlage der Erlösung (2.Kor.5,21)

2. Speisopfer   3.Mose 2   (freiwillig)
– ohne Blut –

Ausdruck	– die Hingabe an Gott (Matth.16,24.25)
Jesus	– Sein Leben auf Erden (Phil.2,5-8)
Beschaffenheit	– Mehl (Joh.6,51), Öl (Apg.10,38), Kräuter (Mark.1,11)
Ausführung	– mit Salz (Matth.5,13; Mark.9,49.50)
	– keinen Sauerteig
	– keinen Honig (1.Kor.5,6-8)
Angenommen	– ein Feuer des süßen Geruchs (3.Mo.2,2b.9)
Speisopfer	– ist die Grundlage der Heiligung (Hebr.12,14)

3. Dankopfer   3.Mose 3   (freiwillig)
– Friedensopfer-

Ausdruck	– Gemeinschaft mit Gott (1.Kor.1,9)
Jesus	– ER ist unser Friede (Eph.2,14-16)
Beschaffenheit	– Tier ohne Gebrechen
Ausführung	– Blut und Fett wurden verbrannt, das Übrige gegessen (3.Mo.7,15; Joh.6,54.55)
Angenommen	– ein Feuer des süßen Geruchs
Dankopfer	– ist die Grundlage der Mahlgemeinschaft (1.Kor.10,16-18)

4. Sündopfer 3.Mose 4,4-5,13 (Pflichtopfer)
– Sühnopfer –

Ausdruck	– der Sünder ist schuldig vor Gott durch Übertretung der Gebote 1-3
Jesus	– starb für unsere Sünden (Hebr.10,10-12)
Beschaffenheit	– Tier ohne Gebrechen
Ausführung	– das Blut in das Heiligtum bringen (Hebr.9,12), das Fett auf dem Altar und den Rest außerhalb des Lagers verbrennen (Hebr.13,11-13)
Angenommen	– ein Feuer des süßen Geruchs (3.Mo.4,31)
Sündopfer	– ist die Grundlage der Versöhnung mit Gott (1.Joh.2,1.2; 4,10)

5. Schuldopfer 3.Mose 5,14-26 (Pflichtopfer)
– wie Sühnopfer –

Ausdruck	– der Sünder ist schuldig am Nächsten durch Übertretung der Gebote 4-10 (4.Mo.5,6)
Jesus	– ist unsere Bezahlung (Mark.10,45)
Beschaffenheit	– Tier ohne Gebrechen
Ausführung	– das Opfertier plus 1/5 seines Wertes in bar (3.Mo.5,16), Bekennen der Schuld (Matth. 5,23.24; Mark.11,25; 1.Joh.1,9) und Wiedergutmachung (3.Mo.5,24)
Angenommen	– ein Feuer des HERRN (3.Mo.7,5)
Schuldopfer	– ist die Grundlage des Friedens (Jak.5,16)

Das Priestertum
3.Mose 8 – 9

Bis auf diesen Tag hat das Priestertum seinen festen Platz im Bewußtsein des Volkes Israel. Dafür hatte der EWIGE einen ganzen Stamm ausgesondert, die Kinder und Nachkommen des **Levi**, einer der 12 Söhne Jakobs (Israel), der den Priesterdienst wahrnehmen sollte (4.Mo.3,5-10). Dieser Stamm sollte kein Erbteil im Lande Kanaan bekommen wie die anderen Stämme, denn der EWIGE war ihr Erbteil.

Obwohl er keinem Gewerbe nachging, versorgte der EWIGE ihn durch seine Güte (5.Mo.18,1-8).

Auch Mose und Aaron, die in besonderer Weise die Verantwortung des Volkes trugen, stammten aus dem Hause Levi (2.Mo.2,1). Mose war der **Führer** des Volkes und der **Prophet**, durch den Gott zu seinem Volke sprach (5.Mo.18,15-18). Nun sollte Aaron zum **Hohenpriester** gesalbt werden. Er wurde damit zum Vorbild auf den Messias Jesus, dem Priester in Ewigkeit (Hebr.7,21. 22). In Israel wurde das Priestertum von einer Generation auf die nächste weitergegeben, aber Jesus vertritt ein unvergängliches Priestertum, weil er in Ewigkeit bleibt (Hebr.7,24).

Der Hohepriester war »Heilig dem EWIGEN«, was auf einem goldenen Stirnblatt am Hut, den der Hohepriester trug, sichtbar zu lesen war (2.Mo.28,38). Er war damit der »Heilige« und »Abgesonderte«, der die Missetat des Volkes vor den EWIGEN trug, um es mit Gott zu versöhnen. Und Jesus ist der Mittler des neuen Bundes, der in Ewigkeit lebt und vor dem Thron Gottes fürbittend für seine Kinder eintritt (Hebr.7,25).

Nach 3.Mose 21 sollten die Priester **heilig** sein, d.h. sie sollten sich nicht an den vergänglichen Dingen dieser Welt verunreinigen. Dazu sollten die Priester keine körperlichen Behinderungen haben.

> *»Ein solcher Hoherpriester geziemte sich auch für uns: heilig, sündlos, unbefleckt, abgesondert von den Sündern und höher als die Himmel« (Hebr.7,26).*

Welch eine wunderbare Tatsache für die Gemeinde zu wissen, daß sie einen solchen Hohenpriester mit dem Messias Jesus hat (Hebr.8,1)!

Die Priesterweihe
3.Mose 8

Die Vorbereitungen für die Priesterweihe waren sehr umfangreich. Zuerst wurde Aaron **gewaschen**, denn um die Priesterkleider tragen zu können, mußte er **rein** sein. Danach wurden ihm die **neuen** Kleider, der leinene Rock mit dem Gürtel, angezogen (2.Mo.28,39). Darüber trug er einen purpurfarbenen Rock, an dessen Saum abwechselnd goldene Granatäpfel und goldene Glöckchen hingen (2.Mo.28,31-35). Darüber trug Aaron einen kunstvoll gearbeiteten Leibrock, vergleichbar mit dem Brustpanzer eines Soldaten, auf dessen Schultern zwei Onyxsteine eingearbeitet waren. In diese waren die Namen der zwölf

Stämme Israels eingraviert, ein Hinweis darauf, daß der Hohepriester die **Last** des Volkes auf beiden Schultern trug (2.Mo.28,6-14). Über dem Leibrock wurde der »Brustschild des Rechtsspruches« getragen, der mit 12 Edelsteinen nach der Zahl der Stämme Israels besetzt war. Damit trug der Hohepriester das Volk Gottes an seinem Herzen, wenn er in das Allerheiligste ging, zum Gedächtnis vor dem EWIGEN allezeit (2.Mo.28,15-30). Dazu kamen noch die beiden heiligen Lossteine »Urim und Tummim« (Licht und Recht), die in besonderen Fällen gebraucht wurden, um den Willen Gottes zu erfahren (4.Mo.27,21; 1.Sam.28,6; Esra 2,63). Den Abschluß der Kleidung bildete ein »Hut« – eine Art Turban, an dem eine dünne Goldplatte befestigt war mit der Aufschrift »Heilig dem EWIGEN«.

Nun folgte die **Salbung** mit Salböl und damit die **Weihung** des Hohenpriesters in sein Amt. Die Bedeutung der Priesterweihe im Blick auf das Neue Testament verdeutlicht die Übertragung auf das allgemeine Priestertum der an Jesus Glaubenden, denn sie sind
– ein ausgewähltes Geschlecht,
– ein königliches Priestertum,
– eine heilige Nation,
– ein Volk zum Besitztum,
um die großen Taten Gottes zu **verkündigen**, der sie **berufen** hat aus der Finsternis in Sein wunderbares Licht (Jesus, das Licht der Welt), (1.Petr.2,9). Sie sind **gewaschen** worden durch das Bad der Wiedergeburt und haben die Erneuerung durch den Heiligen Geist erfahren, der über sie reichlich **ausgegossen** wurde durch den Messias Jesus (Titus 3,5.6). Sie sind **gereinigt** durch das Wasserbad im Wort, und sie sind Heilige und Tadellose (Eph.5,26.27). Sie haben **neue** Kleider bekommen, Kleider der Gerechtigkeit der Heiligen (Offb.19,8). Diese Priesterkleidung entspricht der geistlichen Waffenrüstung, die der Apostel Paulus der Gemeinde in Ephesus vorstellte:
– Gürtel der Wahrheit (Aufrichtigkeit),
– Brustpanzer der Gerechtigkeit (Licht und Recht),
– Stiefel (die Botschaft des Friedens zu proklamieren),
– Glaubensschild (zur Abwehr alles Antigöttlichen)
– Helm des Heils (Heilig dem EWIGEN),
– Schwert des Geistes (Angriff mit Gottes Wort) (Eph.6,14-17).

Über allem aber steht die wunderbare Gnade des EWIGEN, der sie zu **Königen** und **Priestern** gemacht hat (Offb.1,6).

Zur Priesterweihe gehörten drei Opfer: das Sünd-, Brand- und Füllopfer. Das Sündopfer bildete die Grundlage des Priesterdienstes, denn durch das Bekennen seiner eigenen Sünde wurde Aaron amtsfähig. Damit bezeugte er aber auch – vom menschlichen Standpunkt aus gesehen – seine Amtsunfähigkeit. Das Brandopfer bildete eine weitere Grundlage des Priesterdienstes, denn dieser forderte eine totale Hingabe der ganzen menschlichen Existenz. Das meinte der Apostel Paulus, wenn er dazu auffordert, den Leib darzustellen als ein lebendiges, heiliges, Gott wohlgefälliges Opfer (Rö.12,1). Das Füllopfer war das eigentliche Opfer der Priesterweihe, wobei der Opfernde mit dem Opfertier im Tode vereint wurde. Nicht der Priester starb, sondern das Opfertier starb seinen Tod. Damit wurde der Tod des Tieres zum Leben für den Priester. Wer sich mit dem Opfertod Jesu identifiziert hat, d.h. wer mit ihm gekreuzigt, gestorben, begraben und auferstanden ist, darf nun in einem neuen Leben wandeln (Rö.6,1-4). Durch das Füllopfer wurden Aarons leere Hände gefüllt. Der Reichtum des Füllopfers im Neuen Testament ist der Messias Jesus (Eph.2,7).

Danach wurde das Blut des Opfertieres auf Aarons rechtes Ohr, seinen rechten Daumen und auf den Zeh seines rechten Fußes getan. Damit standen **Hören**, **Handeln** und **Wandel** unter dem Zeichen des Todes, wie auch unter dem Zeichen des Lebens, denn die Versöhnung, d.h. die Sühnung für die Sünde, lag im Blut (3.Mo.17,11). Das gilt auch heute noch, denn das **Blut** des Messias Jesus, der uns liebt und uns von unseren Sünden **gewaschen** hat in Seinem **Blut** (Offb.1,5), **reinigt** uns von aller Sünde (1.Joh.1,7).

Mose nahm nun das Salböl *und* das Blut, um damit Aaron, seine Kleider und seine Söhne zu besprengen, wodurch sie zum Dienst geweiht wurden. Im Neuen Testament wiederholt sich dieser Weihevorgang für den an Jesus Glaubenden. Da spricht der Apostel Petrus von der Erwählung nach der **Vorsehung** Gottes, des Vaters, in der Heiligung durch den **Geist** zum Gehorsam und zur **Besprengung** mit dem **Blute** des Messias (1.Petr.1,2). Hier wird deutlich, daß Öl und Blut zusammengehören wie der Heilige Geist und das Blut Jesu.

Die Vorbereitungszeit in der Abgeschiedenheit und Stille der Stiftshütte dauerte sieben Tage. In dieser Zeit lebten Aaron und seine Söhne aus der Fülle des EWIGEN, der ihre Hände füllte (3.Mo.8,33).

Die erste Opferung
3.Mose 9

Am achten Tag begann Aaron mit seinen Söhnen den Priesterdienst. Das war das Amt der Versöhnung, welches im Brand-, Sünd- und

Dankopfer seinen Ausdruck fand. In diesem Zusammenhang hob Aaron zum erstenmal seine Hände, um das Volk zu segnen. Die Worte des hohenpriesterlichen Segens stehen im 4.Buch Mose:

> »*Es segne dich der EWIGE und behüte dich. Der EWIGE lasse dir leuchten sein Antlitz und sei dir gnädig. Der EWIGE wende sein Antlitz dir zu und gebe dir Frieden!*«*(4.Mo.6,24-26)*

Mit diesem Segensspruch erschien die Herrlichkeit des EWIGEN dem ganzen Volk. Der Eindruck eines solchen Gottesdienstes hatte den Beter sicher motiviert, den 67.Psalm zu schreiben (siehe dort). Die Herrlichkeit des EWIGEN wurde daran wahrgenommen, daß ein Feuer des EWIGEN den Altar anzündete, so daß das Brandopfer und das Fett verbrannten. Das war das Zeichen, daß Gott das Opfer angenommen hatte. Das Volk brach daraufhin in Freudengesänge aus. Es fiel in Dankbarkeit und Verehrung auf sein Angesicht und betete den EWIGEN an. Bei der Einweihung des ersten Tempels durch den König Salomo wiederholte sich das gleiche Ereignis (siehe 2.Chr.7,1-3).

Der Jom-Kippur
Großer Versöhnungstag   3.Mose 16

Bisher konnte noch kein Blick in das **Allerheiligste** geworfen werden – den Raum in der Stiftshütte, in dem die **Bundeslade** stand. Das ganze Jahr über taten die Priester ihren täglichen Dienst nur im vorderen Teil der Stiftshütte – im **Heiligtum**. Doch einmal im Jahr – am Jom-Kippur – öffnete sich der **Vorhang**. Dieser Tag war der höchste aller jüdischen Feste und wurde als »Schabbath Shabbaton« bezeichnet, denn wie der Schabbath der Ruhetag für die Woche ist, so war dieser höchste Schabbath der Ruhetag für das ganze Jahr, denn so spricht der EWIGE:

> »*Und keinerlei Verrichtung dürft ihr tun an eben diesem Tage, denn ein Tag der Versöhnung ist er, euch zu sühnen vor dem EWIGEN, eurem Gott*« *(3.Mo.23,28).*
> »*Und es sei euch zur ewigen Satzung: Im siebenten Monat, am zehnten Tage des Monats sollt ihr euch kasteien (d.h. fasten) und keinerlei Werk verrichten..., denn an diesem Tage wird er euch sühnen, daß ihr rein werdet, von all euren Sünden sollt ihr rein werden vor dem EWIGEN*« *(3.Mo. 16,29.30).*

Der Jom-Kippur wurde eingesetzt, nachdem Aarons Söhne Nadab und Abihu umgekommen waren. Sie hatten dem EWIGEN »unheiliges Feuer« auf dem Räucher-Altar dargebracht und mußten sterben (3.Mo.10,1.2; 16,1.2).

In den alljährlichen Ritus der Versöhnung war die Sühnung des **Heiligtums**, des **Stiftszeltes** und des goldenen Räucher-**Altars** miteinbezogen (3.Mo.16,20). Die Sühnung war notwendig, um eine etwaige Befleckung durch die Gegenwart von rituell unreinen Israeliten zu beseitigen (3.Mo.16,16-19). Josephus, der jüdische Geschichtsschreiber, schildert, daß im Tempel zuletzt auch der Brandopfer-**Altar** mit dem Blut der Versöhnung besprengt wurde.

> **Anmerkung:**
> Die jährliche Sühnung des goldenen Räucher-Altars erinnerte an seine Verunreinigung durch den Ungehorsam der beiden Söhne Aarons.

Am Jom-Kippur war der einzige Aktive der Hohepriester. Die anderen Priester und das Volk standen wartend vor der Stiftshütte. Zuerst tauschte der Hohepriester seine herrlichen Kleider gegen einfache weiße Leinenkleider aus (3.Mo.16,4). Danach brachte er einen jungen Stier als Sühnopfer und einen Widder als Ganzopfer zum **Heiligtum** (3.Mo.16,3). Dieses waren persönliche Opfergaben und mußten aus seinem eigenen Besitz stammen, denn die Sühne der eigenen Sünden war die erste Handlung des Hohenpriesters an diesem großen Tag. Erst nachdem er von seinen eigenen Sünden gereinigt war, konnte er für die Sünden des Volkes als **Mittler** eintreten, um für sie Vergebung zu erlangen (3.Mo.16,6).

Nun hatte das Volk ihm zwei Ziegenböcke zum Sühnopfer und einen Widder zum Ganzopfer zu bringen. Die beiden Böcke wurden dann in die **Tür** zur Stiftshütte gestellt. Der Hohepriester (hier war es Aaron) legte nun zwei Lose auf die Tiere, wobei eines für den EWIGEN und das andere für Asasel war. Die »Lose« waren zwei dünne goldene Platten, die jeweils durch eine weitere goldene Platte abgedeckt waren. Der Hohepriester deckte nun die oberste Platte auf, so daß er auf der unteren Platte den Namen lesen konnte, für wen das Tier bestimmt war: JAHWE oder Asasel. Der Bock, auf dessen Los »JAHWE« stand, wurde als Sühnopfer geschlachtet, während der Bock für Asasel als **Sündenbock** in die Wildnis gebracht wurde (3.Mo.16,5-10).

> **Anmerkung:**
> **Asasel** bedeutet »Entlassung«. In der Septuaginta* wird dieses mysteriöse hebräische Wort mit »der eine, den man wegschicken muß« übersetzt, was mit dem in der Mischna* gebrauchten Ausdruck übereinstimmt. Die Vulgata* sagt »Sündenbock«, d.h. der Bock, der in die Wildnis getrieben wird. **Asasel** ist jedoch kein Eigenname, sondern ein seltenes hebräisches Hauptwort, das »Entlassung« oder »gänzliche Entfernung« bedeutet. Es ist ein terminus technicus für die völlige Beseitigung von Sünde und Schuld der Gemeinschaft, die durch Fortsendung des Bockes in die Wildnis symbolisiert wurde. Die Ansicht, daß **Asasel** der Name eines in der Wüste lebenden Dämons sei, ist völlig unhaltbar, was in 3.Mo.17,7 nachdrücklich unterstrichen wird (jüdischer Kommentar).
>
> * **Septuaginta** (LXX) ist die griechische Übersetzung der hebräischen Bibel (AT), die im 3.Jahrhundert *vor* Chr. entstand.
> * **Mischna** ist der 1.Teil des **Talmud** (hebr.: Belehrungen), einer Sammlung jüdischer Religionsgesetze.
> * **Vulgata** ist die lateinische Bibelübersetzung durch Hieronymus um 405 n.Chr.

Das Blut des geschlachteten Widders und des Ziegenbocks wurde nun vom Hohenpriester in das **Allerheiligste** gebracht und dort auf den Deckel der **Bundeslade** gesprengt. Damit sollte der Hohepriester sich und sein Haus und die ganze Gemeinde Israel mit dem EWIGEN **versöhnen** (3.Mo.16,11-17).

Der goldene Deckel mit den beiden Cherubim (Engel) wurde Gnadenthron oder Sühnedeckel genannt (Rö.3,25; 3.Mo.16,14.15). Nachdem dieser Vorgang abgeschlossen war, wurde der andere noch lebende Bock in den **Vorhof** gebracht.

> *»Und Aaron lege seine beiden Hände auf den Kopf des lebenden Bockes und bekenne über ihm alle **Vergehen** der Kinder Israel und all ihre **Missetaten** in all ihren **Sünden**. Und er lege sie auf den Kopf des Bockes und schicke ihn fort durch einen bereitstehenden Mann in die Wüste« (3.Mo.16, 21).*

Mit dieser Handlung übertrug er symbolisch die Sünden des Volkes auf den Sündenbock. Nach der Mischna lautete die Bekenntnisformel, die dabei gesprochen wurde: »O Gott, dein Volk, das Haus Israel, hat gesündigt. Sie haben Unrecht begangen und gefehlt gegen dich.«

- **Vergehen** bedeutet wörtlich »Krümmung« und bezeichnet das bewußte Abweichen vom Gesetz Gottes. Im Gegensatz zum gewöhnlichen Opfer, dessen sühnende Kraft auf *unbeabsichtigte* Übertretungen beschränkt blieb, tilgte der Versöhnungstag und seine Opfer auch *vorsätzliche* Vergehen.
- **Missetat** bedeutet wörtlich »Empörung« und ist damit ein stärkerer Ausdruck als Missetat. Damit wird die *bewußte* Rebellion gegen Gott bezeichnet.
- **Sünde** ist die Bezeichnung für das *unbeabsichtigte* Abirren vom *rechten Weg*.

Demnach kann der Text aus 3.Mose 16,21 auch so übersetzt werden:

*»Und Aaron lege seine beiden Hände auf den Kopf des lebenden Bockes und bekenne über ihm alle **vorsätzlichen Abweichungen vom** Gesetz der Kinder Israel und all ihre **Empörungen gegen Gott** in all ihrem Abirren vom rechten Weg Gottes.«*

Ein Mann aus dem Volke brachte nun den **Sündenbock** in ein vom Lager Israels völlig getrenntes Gebiet, so daß das Tier nicht zurückkommen konnte. Der Hohepriester aber zog seine weißen Leinenkleider aus, badete sich und zog seine Festkleider wieder an. Dann opferte er seinen Widder und den Widder des Volkes als Ganzopfer zur Sühnung für sich und das Volk, denn...

»...an diesem Tage wird er euch sühnen, daß ihr rein werdet. Von all euren Sünden (den Abirrungen von Gottes Wegen) sollt ihr rein werden vor dem EWIGEN« (3.Mo.16,30).

Obwohl der Hohepriester als einziger aktiv ist, bewirkt nicht er durch seine Handlungen die Versöhnung, sondern der Vater, der im Himmel ist, denn so spricht der EWIGE:

»Ich will reines Wasser auf euch sprengen, und ihr werdet rein sein« (Hes.36,25).

Was hat das alles mit denen zu tun, die an den Messias Jesus glauben? Neutestamentlich gesehen ist ER die Erfüllung des Jom-Kippur, denn ER hat uns mit Gott **versöhnt**. Wie der Hohepriester, der das Blut in das Allerheiligste brachte, ist unser Hohepriester der Messias Jesus (Hebr.8,1).

*»Christus aber ist gekommen als Hoherpriester der zukünftigen Güter...er ist nicht mit dem Blut von Böcken und Kälbern, sondern mit seinem **eigenen** Blut ein für allemal in das Heiligtum hineinge-*

*gangen und hat eine **ewige** Erlösung erfunden...wieviel mehr wird das Blut des Christus, der sich selbst durch den ewigen Geist als Opfer ohne Fehler Gott dargebracht hat, euer Gewissen reinigen von den toten Werken, damit ihr dem lebendigen Gott dient« (Hebr.9,11-14).*

Wie der Hohepriester seine herrliche Amtstracht ablegen mußte, so entäußerte sich Jesus selbst und nahm Knechtsgestalt an (Phil.2,7). Jesus war heilig, unschuldig und fehlerlos. Er mußte nicht zuerst für seine eigenen Sünden opfern, denn er war *ohne* Sünde (Hebr.7,26.27). Vielmehr hat ER sich als **einmaliges** und **endgültiges** Opfer dahingegeben. Mit seinem Opfer ist er in das himmlische Heiligtum hineingegangen und hat das **Zeitalter** des Alten Bundes mit seinen Tieropfern beendet (Hebr.9,24-26).

Viele Begriffe und Handlungen des Jom Kippur finden ihre Parallelen in dem *einen* Opfer Jesu. So hat er **Frieden** gemacht durch das Blut seines Kreuzes (Kol.1,20).

– Wir sind **begnadigt** in dem Geliebten, in welchem wir die **Erlösung** haben durch sein Blut (Eph.1,7; Kol.1,14; Offb.1,5).
– Wir sind **gerechtfertigt** durch sein Blut (Rö.5,9).
– Wir sind **geheiligt** durch das Opfer des Leibes Jesu, des Messias (Hebr.10, 10).

Aus der alttestamentlichen **Versöhnung** ist die neutestamentliche **Erlösung** geworden. Und wie durch Handauflegung des Hohepriesters alle Sünden der Kinder Israel auf den Sündenbock übertragen wurden, so ist Jesus das Lamm Gottes – der **Sündenbock** –, welches die Sünde der Welt auf sich nimmt und hinwegträgt (Joh.1,29), denn...

»...er hat unsere Sünden an seinem Leibe selbst hinaufgetragen an das Holz...« (1.Petr.2,24). »Denn Gott hat den, der Sünde nicht kannte, für uns zur Sünde gemacht, damit wir Gottes Gerechtigkeit würden in ihm« (2.Kor.5,21).

Weil Gott den Sünder **losgekauft** hat von seinem antigöttlichen Wesen mit dem kostbaren Blut des Messias als eines fehlerlosen und fleckenlosen Lammes (1.Petr.1,19), das geschlachtet wurde, und ihn **erkauft** hat für Gott mit seinem Blut (Offb.5,9), darum soll er Gott durch sein Leben preisen (1.Kor.6,20).

Obwohl es heute keine Tier-Opfer mehr gibt, hat dieser Tag seinen Charakter als Versöhnungsfest behalten, allerdings in der persönlichen Lebenshingabe an Gott durch Fasten und Beten. Schon in der babylonischen Gefangenschaft – nachdem der salomonische Tempel zerstört worden war – dachten die Priester über die Praxis des Jom-Kippur nach. Dabei wurde festgestellt, daß der EWIGE keinen Gefallen hat an traditionellen Opfern und jährlichen Festen (lies Jes.1,10-18; Amos 5,21-23). So ist der EWIGE denen nahe, die ein demütiges Herz haben (Ps.34,19; 51,18.19).

Erlösung und Versöhnung

Bei der Anwendung der beiden Begriffe »Erlösung« und »Versöhnung« gibt es im christlichen Sprachgebrauch oft Mißverständnisse, die hier geklärt werden sollen.

Die Erlösung ist ein Ereignis, welches immer von außen geschieht. Es trifft Menschen, die sich nach Befreiung sehnen. Da der Mensch sich nicht selbst erlösen kann, braucht er die Hilfe von außen. Oft ist die Erlösung mit einem (Kauf-) Preis verbunden, der von einem Außenstehenden bezahlt wird. Der Mensch wird freigekauft. Nun lebte Israel als Volk in der Knechtschaft Ägyptens. Es konnte sich selbst nicht befreien. Darum bereitete Gott die **Erlösung** seines Volkes vor. In den Familien der Israeliten mußten Lämmer geschlachtet und deren Blut an die Türpfosten gestrichen werden. Mit dem **Blut** dieser Pessach-Lämmer wurde Israel aus der Knechtschaft Ägyptens **freigekauft**. Dieser Freikauf ist einmalig und nicht wiederholbar, weil der EWIGE der **Erlöser** ist:

> »*Ich bin der EWIGE, dein Erretter und dein Erlöser, der Starke in Jakob*« *(Jes.49,26b).*

Nun ist die Erlösung aber kein Akt der Befreiung, in der sich der Erlöste in seiner Freiheit selbst überlassen bleibt. Vielmehr braucht er die Orientierung auf ein neues Ziel in seinem Leben hin. Das traf auch auf Israel zu. Deshalb gab Gott seinem Volk die göttlichen Lebensordnungen (Gebote). Allerdings waren die Kinder Israel verpflichtet, ihre Übertretungen der Gebote Gottes zu **sühnen**, indem sie ein Tier opferten. Das Blut des Opfertieres wurde dann als Blut der **Versöhnung** Gott dargebracht. Alljährlich erinnert sich Israel am Pessach-Fest an seine Erlösung aus der Knechtschaft Ägyptens, die durch Gottes Eingreifen geschah. Am Jom Kippur wird ebenfalls der Versöhnung mit Gott gedacht.

Nun ist der Messias Jesus der Heiland = **Retter** und **Erlöser.** Diese Zusage bekam Maria von dem Engel des HERRN:

»...du sollst seinen Namen Jesus nennen, denn er wird sein Volk erretten von seinen Sünden« (Matth.1,21).

Der Messias Jesus ist auch die **Versöhnung** für unsere Sünden (1.Joh.2,2). Jetzt kann der sündige Mensch kein weiteres Opfer zu seiner Versöhnung mit Gott bringen, denn das alttestamentliche Sühnopfer ist in der Person des Sohnes Gottes erfüllt. Konnte der Israelit mit seinem Opfertier eine Art »Wiedergutmachung« erwirken, ist das seit Jesus nicht mehr möglich. Jetzt gilt es, das anzuerkennen, was Gott in Seiner **Gnade** getan hat, denn...

»...aus Gnade seid ihr errettet durch Glauben, und das nicht aus euch, Gottes Gabe ist es; nicht aus Werken, damit niemand sich rühme« (Eph.2,8.9).

Diese **Gnade** gilt es anzunehmen. Das soll an einem Beispiel demonstriert werden: Ein zum Tode Verurteilter erhält in der Todeszelle die Nachricht seiner Begnadigung. Nimmt er sie an, ist er ein freier Mann. Schlägt er aber die Begnadigung aus, weil er es nicht glauben kann, muß er die Todesstrafe auf sich nehmen. Wer das Angebot der Gnade Gottes ausschlägt, wird die Folgen selbst zu tragen haben,

»denn der Lohn der Sünde ist der Tod, die Gnadengabe Gottes aber ewiges Leben in Christus Jesus, unserem Herrn« (Rö.6,23).

Jesus – Messiaskönig und Priester

Israel war ein Volk ohne Land und ohne König. In Ägypten waren die zwölf Söhne des Nomadenfürsten Jakob mit ihren Familien nach 215 Jahren zu einem großen Volk angewachsen. Dieses Volk – Hebräer (Ausländer, Durchziehende, Herübergekommene) genannt – wurde durch Pharao, dem Herrscher Ägyptens, unterdrückt und geknechtet, bis eines Tages der EWIGE einen Mose berief, um das Volk aus dem »Diensthause Mizrajims« herauszuführen:

»Und der EWIGE sprach: Gesehen habe ich das Elend meines Volkes, das in Mizrajim, und seine Klagen über seine Treiber habe ich gehört, ja, ich kenne seine Leiden. Und ich bin herabgekommen, es zu retten aus der Hand Mizrajims, und es hinaufzuführen aus diesem Lande in ein gutes und geräumiges Land, in ein Land fließend von Milch und Honig« (2.Mo.3,7.8).

Mit Mose sprach der »Gott Abrahams, der Gott Isaaks und der Gott Jakobs« (2.Mo.3,6), der ihnen die Verheißung gegeben hatte, sie zu einem großen Volk zu machen (1.Mo.12,1; 28,14). Mose war der **Führer** des Volkes Israel. Er war auch der **Mittler** zwischen Gott und dem Volk. Aber **König** war der EWIGE selbst. So hatte Israel keine Monarchie sondern eine Theokratie.

> *»Israel freue sich über den, der es geschaffen hat. Die Kinder Zions sollen fröhlich sein über ihren **König**« (Ps.149,2). »Denn der EWIGE, der **König** Israels ist bei dir« (Zeph.3,15).*

Israel ist Gottes Volk und damit sein Eigentum. Der göttlichen Bestimmung nach sollte Israel ein Königreich von Priestern und eine heilige Nation sein (2.Mo.19,6). Dieses geistliche Königtum ist Israels größte Aufgabe. Doch zwei Ursachen haben die Verwirklichung dieser Aufgabe bisher unmöglich gemacht. Einerseits lag es an Israels Ungehorsam gegenüber Gottes Ordnungen und Bestimmungen. Andererseits waren und sind es die Nationen, die Israel immer wieder verfolgen und zu vernichten suchen. Davon ist auch das Land betroffen, welches der EWIGE seinem Volk zugesagt hatte:

> *»Wenn ihr nun werdet über den Jordan gegangen sein, und wohnet in dem **Lande**, das der EWIGE, euer Gott, euch zum **Erbe** gibt, und hat euch Ruhe geschafft von all euren Feinden ringsum, daß ihr sicher wohnet...« (5.Mo.12,10).*

Dieser Zustand trat erst mit der Regierungszeit des Königs David ein, denn als er in seinem Hause wohnte und der EWIGE ihm Ruhe geschafft hatte von allen seinen Feinden ringsum, keimte der Wunsch in seinem Herzen, dem EWIGEN, seinem Gott, einen Tempel zu errichten (2.Sam.7,1.2), was aber erst sein Sohn Salomo ausführen durfte. Allerdings bekam David eine Verheißung, daß sein Haus und sein Königreich auf ewig bestehen sollten (2.Sam.7,16). Obwohl David in der jüdischen Tradition der **Messias-König** schlechthin ist, endete seine Dynastie mit dem letzten König Zedekia in der babylonischen Gefangenschaft.

Allerdings haben aber Weissagungen und Prophetien in der Hebräischen Bibel (AT) oft eine **doppelte** Bedeutung, besonders, wenn sie »messianisch« sind. Zuerst handelte es sich bei der Verheißung Gottes an David um eine **Reichs-Prophetie**. Diese bezog sich auf den direkten Nachkommen Davids, Salomo. Das sagte der Prophet Nathan zu David:

*»Der EWIGE wird dir ein Haus bauen. Wenn nun deine Tage erfüllt sind und du dich zu deinen Vätern gelegt hast, dann werde ich **deinen Nachkommen**, der aus deinem Leibe kommt, nach dir auferstehen lassen und werde sein Königtum festigen. Der wird meinem Namen ein Haus bauen, und ich werde den Thron seines Königtums festigen für ewig« (2.Sam.7,12.13).*

Weiter war die Verheißung Gottes auch eine **Königs-Prophetie**, durch die auf den Messias-König Jesus hingewiesen wurde. Um das zu verdeutlichen, bezog sich der Apostel Paulus in seinem Brief an die Gemeinde in Galatien auf eine Zusage Gottes an Abraham:

*»Ihm wurden die Verheißungen zugesagt und **seiner** Nachkommenschaft. Er spricht nicht: ›und **seinen** Nachkommen‹ von vielen, sondern von einem: ›und deinem Nachkommen‹ (1.Mo.22,18), und der ist Christus« (Gal. 3,16).*

Niemand würde beim Lesen dieses Textes auf die Idee kommen, daß hier von dem Messias Jesus die Rede ist. Doch Paulus – geleitet durch den Heiligen Geist – bekam die Erkenntnis der wahren Bedeutung dieser Verheißung. Auch die Zusage auf den »**ewigen Thron**« war ein prophetischer Hinweis über Salomo hinaus auf Jesus, denn es heißt in Psalm 89,5, daß der EWIGE den Thron Davids für **den** Nachkommen erhalten will, worauf sich Petrus in seiner »Pfingstpredigt« bezog:

*»David ist gestorben... Da er nun ein Prophet war und wußte, daß Gott ihm mit einem Eide geschworen hatte, einen **seiner** Nachkommen auf seinen Thron zu setzen, hat er voraussehend von der Auferstehung des Christus geredet...« (Apg.2,29-31).*

Auch bei dem Text aus Psalm 89 Vers 5 würde niemand einen Zusammenhang mit Jesus vermuten, ganz zu schweigen davon, daß damit die Auferstehung des Messias gemeint ist. Doch Petrus – geleitet durch den Heiligen Geist – bekam ebenfalls die Erkenntnis der wahren Bedeutung dieser Verheißung. Und ganz im Sinne von Paulus und Petrus argumentiert auch der Schreiber des Hebräerbriefes. Er weist auf den Nachkommen Davids hin, der sein Sohn sein soll und dessen Vater Gott sein will (2.Sam.7,14). Diese Verheißung wird nun auf den Messias-König Jesus übertragen, denn...

*»... zu welchem der Engel hat er jemals gesagt: Mein Sohn bist du, ich habe dich heute gezeugt? und wiederum: Ich will ihm Vater und er soll mir Sohn sein? ... Von dem **Sohn** aber: Dein Thron, **o Gott**, ist in alle Ewigkeit...« (Hebr.1,5.8).*

Unter Bezugnahme auf eine Verheißung des Propheten Jesaja (Jes.7,14; 9,5.6) wurde Maria verkündet, die Mutter Jesu zu werden (siehe:»Stammbaum Jesu«), denn...

> »...siehe, du wirst schwanger werden und einen Sohn gebären, und du sollst ihm seinen Namen Jesus nennen. Dieser wird groß sein und Sohn des Höchsten (EL ELJON) genannt werden; und der Herr, Gott, wird ihm den Thron seines Vaters David geben; und er wird über das Haus Jakob herrschen in Ewigkeit, und seines Königtums wird kein Ende sein« (Luk.1,31-33).

Als Jesus in die Geschichte Israels eintrat, proklamierte er das Königreich Gottes als gegenwärtige und zukünftige Größe (Matth.4,17). Mit seinem Einzug in Jerusalem (Matth.21,1ff), seinem Zeugnis vor dem Hohen Rat (Matth.26,63.64) und vor Pilatus (Joh.18,37) gab er sich als **König** zu erkennen.

Allerdings ist das Reich des Messias-Königs Jesus ein **geistliches** Reich. Es ist mit den Reichen dieser Welt nicht vergleichbar. Darum kann nur der in dieses Reich hineinkommen, der aus dem Geist Gottes von neuem geboren ist (Joh.3,1-8). In dem Augenblick aber, wo Israel die Königs-Herrschaft Jesu anerkennt, hat sich seine göttliche Bestimmung – ein königliches Priestertum und heiliges Volk zu sein – erfüllt und vollendet. Doch nun gilt das Heil allen Menschen. Wer nun das Heil in dem Messias Jesus für sich in Anspruch genommen hat, den hat er zum **König** und **Priester** vor Gott, seinem Vater gemacht (Offb.1,6). Er wird mit Jesus regieren »tausend Jahre« als Priester Gottes und des Messias (Offb.20,6). Das hatte Petrus in seinem 1.Brief deutlich unterstrichen, indem er sich auf die Zusage Gottes in der Hebräischen Bibel (AT) bezog:

> »Ihr aber seid ein auserwähltes Geschlecht, ein königliches Priestertum, eine heilige Nation (2.Mo.19,6), ein Volk zum Besitztum, damit ihr die Tugenden dessen verkündigt, der euch aus der Finsternis zu seinem wunderbaren Licht berufen hat« (1.Petr.2,9).

In gleicher Weise ist der Mensch, der das Heil in Jesus für sich in Anspruch genommen hat, ein Priester, um Gottes **Gnade** und Barmherzigkeit zu verkünden. Es ist seine Aufgabe, das Königreich Gottes zu proklamieren und Menschen einzuladen, Bürger dieses Reiches zu werden.

Hatte der **König** die Aufgabe zu regieren, d.h. zu herrschen, so hatte der **Priester** die Aufgabe zu vermitteln. Das hat der Hohepriester Jesus getan, indem er der **Mittler** des Neuen Bundes geworden ist

(Hebr.9,15). Er ist der **Fürsprecher** beim Vater und vertritt seine Kinder (1.Joh.2,1).

Wo ist der Hohepriester Jesus jetzt? ER *sitzt* zur Rechten des Thrones der Majestät im Himmel und dient am **Heiligtum** und an der wahren **Stiftshütte**, die kein Mensch aufgerichtet hat, sondern Gott allein (Hebr.8,1.2).

> »*Laßt uns nun mit Freimütigkeit hinzutreten zum Thron der Gnade, damit wir Barmherzigkeit empfangen und Gnade finden zur rechtzeitigen Hilfe« (Hebr.4,16).*

Israel und die christliche Gemeinde

Mit der Zerstörung Jerusalems und des Tempels im Jahre 70 n.Chr. durch die Römer wurde Israel in alle Welt zerstreut. Bis zum 14.Mai 1948 existierte Israel weder als Staat noch als nationales Volk. Es ist durch das Schwert gefallen und unter alle Nationen gefangen weggeführt worden; Jerusalem wird zertreten, bis die Frist der Nationen beendet ist (siehe auch Luk.21,24). Das hatte Jesus schon vorausgesagt.

Nachdem Israel nicht mehr existierte und die christliche Kirche sich rasch verbreitete, entstand in den Köpfen der Kirchenväter die Meinung, daß nun die Kirche an die Stelle des von Gott auserwählten Volkes getreten sei und das neue geistliche Israel repräsentiere. Diese Meinung war Anlaß zu grausamen Judenverfolgungen, um diese »Gottesmörder« auszurotten. Dabei ist **bis heute** eine wichtige Tatsache übersehen worden: Israel **ist und bleibt** Gottes Volk und Eigentum.

> »*Denn ein heiliges Volk bist du dem EWIGEN, deinem Gott. Dich hat **erkoren** der EWIGE, dein Gott, ihm zu sein ein Volk des Eigentums vor allen Völkern, die auf der Fläche des Erdbodens sind. Nicht weil ihr mehr seid denn alle Völker, hat der EWIGE euch begehrt und euch **erkoren**, denn ihr seid die wenigsten von allen Völkern. Sondern um der Liebe des EWIGEN zu euch, und weil er den Schwur hält, den er euren Vätern geschworen hat« (5.Mo.7,6-8).*

Auf diese Erwählung bezog sich der Apostel Paulus in seinem Brief an die Heiligen in Rom.

»*Israel gehört*
*– die **Sohnschaft** und*
*– die **Herrlichkeit** und*
*– die **Bündnisse** und*

– *die **Gesetzgebung** und*
– *der **Dienst** und*
– *die **Verheißungen***
...auf den Messias hin« (Rö.9,4.5).

...Israel gehört die Sohnschaft

Israel ist erwählt, dem EWIGEN, seinem Gott, zu dienen, denn Israel ist der **erstgeborene Sohn** des EWIGEN (2.Mo.4,22.23). Diese Tatsache ist von Gott niemals aufgehoben worden, und sie besteht immer noch! Sicher hat Israel in seiner Geschichte immer wieder erfahren müssen, daß Ungehorsam gegen den Willen Gottes sein Gericht zur Folge hatte. In solchen Zeiten der Läuterung fand das Volk dann wieder zu seinem Gott zurück und tat Buße. Wie zu Jesu Zeiten, so ist auch heute unter den orthodoxen Juden in Israel die gleiche religiöse Einstellung zu beobachten, die der Apostel Paulus so beschrieben hat:

> *»Denn ich gebe ihnen Zeugnis, daß sie Eifer für Gott haben, aber nicht mit rechter Erkenntnis. Denn da sie Gottes Gerechtigkeit nicht erkannten und ihre eigene aufzurichten trachteten, haben sie sich der Gerechtigkeit Gottes nicht unterworfen. Denn Christus ist des Gesetzes Ende, jedem Glaubenden zur Gerechtigkeit« (Rö.10,2-4).*

Obwohl diese Feststellung auf das allgemeine Volk der Juden im heutigen Israel weitgehend nicht zutrifft – denn die Frage nach Gott ist bei Juden wie bei Christen durch Rationalismus und Materialismus in den Hintergrund getreten –, ist Israel dennoch das von Gott erwählte Volk und sein erstgeborener Sohn, denn die Gnadengaben und **Berufung** Gottes sind unbereubar (Rö.11,29).

...Israel gehört die Herrlichkeit

Es war Israels Aufgabe, Gottes Herrlichkeit allen Nationen sichtbar zu machen. Israel sollte der Abglanz der Herrlichkeit Gottes sein, denn die Herrlichkeit des EWIGEN war über Israel aufgegangen (Jes.60,1). So spricht der EWIGE:

> *»Und ich werde wohnen unter den Kindern Israel und werde ihnen ein Gott sein. Und sie werden erkennen, daß ich, der EWIGE, ihr Gott bin, der ich sie herausgeführt aus dem Lande Mizrajim, auf*

*daß ich wohne unter ihnen, ich, der EWIGE, bin ihr Gott«
(2.Mo.29,45.46).*

Diese Gegenwart Gottes war auf der Stiftshütte für alle Menschen sichtbar, indem der EWIGE in der Wolken- und Feuersäule erschien (hebr.: *schechina* = Herrlichkeit des HERRN); denn es heißt, daß die Wolke (der Herrlichkeit) die Hütte des Stifts bedeckte und die Herrlichkeit des HERRN die Wohnung erfüllte (2.Mo.40,34; 3.Mo.9,23.24).

...Israel gehören die Bündnisse

Gott hatte mit keinem anderen Volk einen Bund gemacht – nur mit Israel. Dieser Bund war einseitig, denn Gott war der Handelnde. Die einzige Bedingung, die Israel zu erfüllen hatte, um Gottes Bundesverheißungen zu empfangen, war sein Gehorsam. Das ist kein Widerspruch. Vielmehr erfuhr Israel immer nur in dem Maße Gottes Segen, wie es bereit war, sich für den Willen Gottes zu öffnen, denn so spricht der EWIGE:

> *»Und nun, wenn ihr höret auf meine Stimme und meinen **Bund** haltet, so sollt ihr mir sein ein **Eigentum** aus allen Völkern, denn mein ist die ganze Erde« (2.Mo.19,5).*

Diesen Bund hatte der EWIGE mit Abraham geschlossen, als er ihm die Verheißung gab:

> *»Gewiß, Sarah, dein Weib, gebiert dir einen Sohn, und du sollst seinen Namen nennen Isaak. Und Ich werde aufstellen meinen **Bund** mit ihm, zu einem ewigen Bunde für seinen Samen nach ihm« (1.Mo.17,19).*

In diesem »Bund des Eigentums« ist Israels ewige, unauslöschliche Existenz verankert. Dem gegenüber stand die Zusage Gottes, mit dem Hause Israel und dem Hause Juda einen **neuen Bund** zu machen. Dieser betrifft den »Bund des Gesetzes«, denn der EWIGE wollte sein Gesetz in die Herzen seines Volkes schreiben (Hebr.8,7-13; siehe Jer.31,31-34).

...Israel gehört die Gesetzgebung

Der EWIGE gab seinem Volk das Gesetz, welches im wahrsten Sinne des Wortes göttlich ist. Mose erinnerte das Volk nach vierzig Jahren noch einmal daran, daß er die zwei steinernen (Gesetzes-Tafeln) des Bundes von Gott empfangen hatte (5.Mo.9,9.10). Sie sind als die »Zehn Gebote« bekannt, die aber nur eine Zusammenfassung der Bundesordnung Gottes darstellen und aus christlicher Sicht in der Praxis stark verkürzt bzw. in den moralischen Bereich abgeschoben werden (siehe »moralische Ordnungen«).

Für Israel ist das Gesetz (d.h. die Belehrungen) der Maßstab, woran das Volk sein Verhältnis zu Gott – aber auch sein Verhältnis im mitmenschlich-sozialen Bereich – überprüfen konnte. In 5.Mose 6,4-9 – dem »Sch´ma Israel« (Höre Israel!) – ist das alles noch einmal auf den Punkt gebracht worden:

> *»Höre Israel, der EWIGE, unser Gott, ist ein einiges Wesen! Und du sollst lieben den EWIGEN, deinen Gott, mit deinem ganzen Herzen und mit deiner ganzen Seele und mit deinem ganzen Vermögen. Und es sollen diese Worte, die ich dir heute gebiete, in deinem Herzen sein. Und du sollst sie einschärfen deinen Kindern und davon reden, wenn du sitzest in deinem Hause und wenn du gehst auf dem Wege und wenn du dich hinlegst und wenn du aufstehst. Und du sollst sie binden zum Wahrzeichen an deine Hand, und sie sollen dir sein zum Denkbande zwischen deinen Augen. Und du sollst sie schreiben auf die Pfosten deines Hauses und an deine Tore.«*

...Israel gehört der Dienst

Von Anfang an war es Israels Bestimmung, ein priesterliches Königreich zu sein (2.Mo.19,6), um dem EWIGEN zu dienen (2.Mo.23,25). Das hatte Abraham schon praktiziert, der immer dort einen Altar baute, wo ihm der EWIGE erschienen war. Dadurch verkündigte er den lebendigen Gott (1.Mo.12,7.8).

Durch seine Lebensart in Form eines permanenten Gottesdienstes sollte Israel als Volk die Taten des EWIGEN allen Nationen bekanntmachen (Ps.105,1-4). Obwohl Israel niemals einen speziellen Missionsauftrag von Gott erhalten hatte wie etwa die Jünger, die Jesus in alle Welt sandte, um das Evangelium allen Menschen zu verkündigen, war es Gottes Absicht, sich an und durch Israel zu verherrlichen (lies

Jes.60!). Weil Israel aber an dieser Stelle immer wieder versagte und anderen Göttern diente, kam es in die Gefangenschaft bzw. in die Zerstreuung.

Nach einer neunzehnhundert Jahre dauernden Odyssee hat Gott sein Volk Israel wieder in das verheißene Land zurückgeführt. Seit 1948 haben die Juden wieder einen Staat – den Staat Israel. Damit erfüllte sich ein Wort, das durch den Propheten Hesekiel bezeugt wurde:

> *»So spricht der EWIGE: Ich will eure Gräber öffnen und ich will euch, mein Volk, herausholen und euch in das **Land Israel** bringen. Und ihr sollt erfahren, daß Ich der EWIGE bin« (Hes.37,12.13a).*

Die Frage nach der Verstoßung und Verwerfung Israels (Rö.11,1.15) beantwortete der Apostel Paulus damit, daß Gott die Zusage seiner Gnadengaben und die Berufung seines Volkes Israel nicht zurücknimmt (Rö.11,29). Heute erfüllt Gott seine Zusagen, die er vorzeiten durch die Propheten seinem Volk versprochen hatte, vor den Augen der Nationen.

...Israel gehören die Verheißungen

Der EWIGE gab Abram bei dessen Berufung eine mehrfache Verheißung:

> *»Ich werde dich machen zu einem großen Volke und dich segnen und groß machen deinen Ruf, und **du** sollst ein Segen sein! Und ich werde segnen, die dich segnen, und wer dir flucht, den werde ich verwünschen, und es werden **sich** segnen **mit dir** alle Geschlechter des Erdbodens!« (1.Mo.12,2.3)*

Diese Segensverheißung galt dem Volk Israel, aus dem später der Messias Jesus hervorgegangen ist. Darauf hat der Prophet Micha hingewiesen:

> *»Und du Bethlehem Ephratha, kleinste unter den Städten in Juda, aus dir soll mir der kommen, der in Israel HERR sei, dessen Ausgang von Anfang und von Ewigkeit her gewesen ist« (Micha 5,1).*

Letztlich finden alle Verheißungen ihre Erfüllung in dem Messias Jesus. Doch Israel hatte seinen Messias nicht erkannt, bis auf wenige, wie z.B. Simeon und Hanna, die im Tempel auf das »Heil Israels« warteten, »ein Licht, die Nationen zu erleuchten und zur Herrlichkeit des Volkes Israel« (Luk.2,29-38).

Was bedeutet das für die christliche Gemeinde?

- Gott hat sein Volk nicht verstoßen, welches er zuvor ersehen hat (Rö.11,2).
- Zwischen Israels Ablehnung des Heils (seiner Verwerfung; Rö.11,15) und seiner endgültigen Rettung (Rö.11,26) liegt die »Heilszeit Gottes« für die Nationen.

Nach der Ausgießung des Heiligen Geistes zu Pfingsten in Jerusalem waren es Juden, die erkannten, daß Jesus der Messias ist. Sie erlebten die Erfüllung der **Verheißungen** Gottes in ihrem Leben und wurden Botschafter des Messias mit dem Ruf: »Lasset euch versöhnen mit Gott!« (2.Kor.5,20).

Doch der Priesteradel verfolgte die junge Gemeinde mit allen Mitteln. Er scheute sich nicht, einen Stephanus als Gotteslästerer steinigen zu lassen. Aber die zerstreute Gemeinde zog umher und verkündigte die Erfüllung der Schrift durch den Messias Jesus unter den Juden (Apg.8,1.4; 11,19). In Antiochien hörten auch Griechen von dem »Heil, das von den Juden kommt«, und eine große Zahl glaubte und bekehrte sich zum HERRN. Diese wurden zuerst »Christen«, d.h. **Gesalbte** genannt (Apg.11,20.21.26).

Paulus war vor seiner Berufung zum »Heidenmissionar« einer der eifrigsten Verfolger der jungen Gemeinde. In seinem Brief an die Heiligen in Rom betont er das Amt, ein Apostel für die Nationen zu sein, noch einmal (Rö.11,13). Durch seine Verkündigung in den Synagogen erkannten viele Juden, daß Jesus der Messias ist. Überall entstanden Gemeinden. Dabei blieb es nicht aus, daß sich Juden und Nichtjuden durch den gemeinsamen Glauben an Jesus näherkamen. Und schon hier warnt Paulus die Christen aus den Nationen, nicht **stolz** zu werden und sich über die Juden zu erheben (Rö.11,20).

Paulus verdeutlicht am Bild eines **edlen** Ölbaumes, aus dem einige Zweige ausgebrochen wurden, worauf die Gemeinde aus Nichtjuden als **wilde** Zweige eingepfropft wurde. Damit ist die Gemeinde der gleichen Segnungen teilhaftig wie Israel, denn sie lebt aus der Wurzel des Ölbaumes (Rö.11,24). Paulus ermahnt aber auch die Christen aus den Nationen, darüber nachzudenken, was sie »ohne den Messias« waren:

- denkt daran...ihr gehörtet dem Fleisch nach zu den Nationen.
- denkt daran...ihr wurdet die Unbeschnittenen genannt.
- denkt daran...ihr wart ohne den Messias ausgeschlossen vom Bürgerrecht Israels und Fremdlinge hinsichtlich der Bündnisse, hattet

keine Hoffnung und wart ohne Gott in der Welt! Nun gehört ihr durch den Messias Jesus und durch sein Blut dazu, denn...

- er ist unser Friede,
- er hat aus **beiden** (Juden und Nichtjuden) eins gemacht,
- er hat den Zaun (der Zertrennung – Feindschaft) abgerissen,
- er hat das Gesetz erfüllt (zur Vollendung gebracht),
- er hat **einen** neuen Menschen geschaffen,
- er hat Frieden gemacht (mit Juden und Nichtjuden),
- er hat **beide** mit Gott versöhnt durch das Kreuz, er hat in der Verkündigung der frohen Botschaft den Frieden proklamiert, denen, die ferne waren (Nationen), und denen, die nahe waren (Juden).
- durch Jesus und den Heiligen Geist haben **beide** (Juden und Nationen) Zugang zum Vater (Eph.2,11-22).

Der Gemeinde gilt auch heute noch das Wort des Apostels Paulus, der dem Evangelium gemäß lebte, um dadurch andere (Juden) zum Nacheifern zu reizen, damit sie gerettet würden (Rö.11,14; 1.Kor.9,19-23). Gottes Heilsplan ist universal. Es ist sein Wille, daß jeder Mensch zur Erkenntnis der Wahrheit kommt und das Heil in dem Messias Jesus annimmt. Obwohl Gott mit Israel einen anderen Weg geht als mit den Nationen, bleibt die Tatsache bestehen: Der Messias Jesus ist für Juden **und** Nichtjuden gleichermaßen am Kreuz gestorben.

Dadurch ist die Gemeinde **nicht mehr** eine Ansammlung von Gästen und Fremdlingen – wie etwa die Nichtjuden in der Synagoge –, sondern sie ist eine Gemeinschaft von Mitbürgern der Heiligen und Gottes Hausgenossen, erbaut auf dem Grund der Apostel und Propheten, wo Jesus, der Messias, der Eckstein ist, auf welchem der ganze Bau ineinandergefügt wächst.

Wozu? Was ist das Ziel?

Damit beide – Juden und Nichtjuden – durch den Glauben an den Messias Jesus aufgebaut werden zu **einem** heiligen Tempel in dem HERRN und zu **einer** Behausung Gottes im Geist (Eph.2,19-22). Das bedeutet, daß Israel nicht verstoßen ist (Rö.11,2). Obwohl **Feind** des Evangeliums ist es

- die **Geliebte** nach Gottes gnädiger Wahl (Rö.11,28),
- der **Überrest** dieser Zeit (Rö.11,5),
- die **Erwählte** – doch verstockt (Rö.11,7),
- die **Gestolperte** – doch ihr Fall ist das Heil der Nationen (Rö.11,12),
- die **Verworfene** und endlich **Versöhnte** (Rö.11,15),

– die **Ungläubige** – ausgebrochen aus dem Ölbaum (Rö.11,19),
– die **Verstockte** – doch nur zum Teil (Rö.11,25),
– die am Ende **Gerettete** (Rö.11,26).!

Kapitel 4
Die 40jährige Wanderung
Versuch einer Erklärung

Ausgehend von der Frage, wie Israel auf seiner 40jährigen Wanderung die schwere Stiftshütte transportiert haben könnte, ist es sicher notwendig, zuerst den Stationen des Weges zu folgen. Dabei ist zu beachten, daß mit der Aufrichtung der Stiftshütte am 1. Tag des 1. Monats im 2. Jahr des Auszugs begonnen wurde – also **erst nach einem Jahr**. Aaron, der erste Hohepriester, brachte dann am 8. Tag das erste Opfer. Das bedeutet: Die Aufrichtung der Stiftshütte mit Vorhof und Geräten hatte eine Woche gedauert (siehe: »Chronologie des Auszugs«). Immerhin hatte jede der 48 Akazienholz-Bohlen von 50 x 75 cm Umfang und 5 m Länge ein Gewicht von etwa 1,8 Tonnen. Dazu kamen noch 9 Akazienholz-Säulen von 50 x 50 cm Umfang und 5 m Länge mit einem Gewicht von etwa 1,2 Tonnen.

Sieben Wochen nach der ersten Aufrichtung der Stiftshütte und ihrer feierlichen Einweihung wurde dann am 20. Tage im 2. Monat des 2. Jahres nach dem Auszug endgültig in Richtung Norden nach Moab und Kanaan aufgebrochen. Was in 4. Mose 10,11.12 angekündigt wurde, wird nun in 4. Mose 10,33 ausgeführt. Die Wolke der Herrlichkeit Gottes erhob sich von der Stiftshütte, und mit der Bundeslade zog der EWIGE vor ihnen her. Nachdem die Wohnung (Stiftshütte) in ihre Einzelteile zerlegt worden war, wurde sie von den Söhnen Gerson und Merari **getragen** (4.Mo.10,17; siehe auch 4.Mo.4,24.25.27.31). Diese richteten das Heiligtum auch wieder auf, bevor die Söhne Kehats mit den heiligen Geräten kamen (4.Mo.10,21), die von ihnen auch **getragen** wurden (4.Mo.7,9).

...die Zuordnung der Stämme Israels   4.Mose 10,11-28

1. Juda
2. Isaschar
3. Sebulon

Stiftshütte von Gerson und Merari **getragen**

4. Ruben
5. Simeon
6. Gad

7. Ephraim
8. Manasse
9. Benjamin

Geräte des Heiligtums von Kahat **getragen**
10. Dan
11. Asser
12. Naphthali

Die dreitägige Reise nach Paran (4.Mo.10,33) hatte allerdings viel länger gedauert als geplant. Inzwischen war das Volk unzufrieden geworden (4.Mo.11), und Miriam, Moses Schwester, wurde aussätzig. Das hatte zur Folge, daß die Wanderung 7 Tage unterbrochen werden mußte (4.Mo.12,15.16). In Paran angekommen, wurden 12 Kundschafter nach Kanaan gesandt (4.Mo.13,2.3), die nach 40 Tagen mit einem Bericht zurückkamen, der sich 10:2 gegen die Eroberung des Landes aussprach. Die Folge war die »40jährige Wanderung« (4.Mo.14,34), die von diesem Zeitpunkt an allerdings nur noch 38 Jahre dauerte (5.Mo.2,14).

Die Berichterstattung schweigt bis zum 1.Monat des 40.Jahres nach dem Auszug (4.Mo.20,1). Am 1.Tag des 11.Monats im 40.Jahr nach dem Auszug redete Mose zu dem Volk, das inzwischen am Ostufer des Jordan angekommen war. Es befand sich auf dem Gebiet der Moabiter – dem heutigen Jordanien. Da die Ortsangaben auch archäologisch nicht mit Bestimmtheit nachweisbar sind, hilft da sicher der Hinweis auf die 11tägige Reise vom Sinai (dem Ort der Gesetzgebung) bis »Kadesch-Barnea«. Unerheblich, ob der Ort im Osten oder Westen nördlich von den heutigen Hafenstädten Elat/Akkaba gelegen hat – 11 Tagereisen mit Reitkamelen entsprechen dieser Entfernung von 280 – 300 km (5.Mo.1,1-3).

Alles spricht dafür, daß Israel Kanaan von Osten erobert hat, dem heutigen Jordanien, denn...

– Mose stieg auf den Berg Nebo, der über dem Ostufer des Toten Meeres im heutigen Jordanien liegt (siehe Karte), um nach Kanaan hinüberzuschauen (5.Mo.34,1-3).

– Als Josua – Moses Nachfolger – Kanaan eroberte, blieben **Ruben**, **Gad** und der halbe Stamm **Manasse** bei der Landverteilung auf der Ostseite des Jordans – dem heutigen Jordanien (siehe Jos. 13). Sie

mußten sich also schon längere Zeit vor der Landnahme dort aufgehalten haben, wo sie dann seßhaft wurden.
- Josua eroberte Jericho nach dem Durchzug durch den Jordan von Osten her (siehe Jos. 2-4 und 6).

Die schwierige Beantwortung der Frage nach dem Transport der Stiftshütte hängt damit zusammen, daß die Bibel nur zwei Angaben über Wanderungen macht (4.Mo. 10 und 5.Mo. 1). Weiter ist nichts über Auf- und Abbau der Stiftshütte bekannt. Auch spricht alles dafür, daß nur die **Bundeslade** mitgenommen wurde, denn in dem Augenblick, wo sich die Wolke der Herrlichkeit Gottes von der Stiftshütte erhob, konnten die Priester das Allerheiligste betreten. Das wird auch in Josua 3 und 4 berichtet, wo die **Bundeslade** – die Lade des Bundes des Herrschers über alle Welt – vor dem Volk Israel in den Jordan getragen wurde (Jos.3,11).

...der Transport des Heiligtums   4.Mose 4,4-15

Beim Aufbruch des Volkes sollten Aaron und seine Söhne
- den **Vorhang** abnehmen und die **Bundeslade** damit bedecken. Somit hatten die Kehatiter die Geräte nur zu *tragen*, ohne sie tatsächlich zu berühren. Darüber wurde eine Lederdecke (Schutzdecke) und darüber eine purpur**blaue** Wolldecke gelegt. Die Farbe ist ein Sinnbild für das Blau des Himmels, denn sie ist »wie der reine Himmel an Klarheit« (2.Mo.24,10). Dann wurden die Tragestangen angebracht (2.Mo.25,14).
- den **Schaubrot-Tisch** mit einem purpur**blauen** Tuch abdecken. Darauf wurden die Schüsseln, Schalen und etliches Gerät sowie die Schaubrote gelegt. Alles wurde mit einem karmesin**roten** Tuch bedeckt, worüber eine Lederdecke (Schutzdecke) gelegt wurde. Dann wurden die Tragestangen angebracht.
- den **Leuchter** (die Menorah) mit einem purpur**blauen** Tuch bedecken. Der Leuchter und alle dazugehörenden Geräte wurden in eine Lederdecke (Schutzdecke) gelegt, die mit Tragestangen als Bahre ausgebildet war.
- den goldenen **Räucher-Altar** mit einem purpur**blauen** Tuch bedecken. Darüber wurde eine Lederdecke (Schutzdecke) gelegt und die Tragestangen angebracht.

- alle Geräte, die zum Dienst am Heiligtum gebraucht wurden, in ein purpur**blaues** Tuch einwickeln. Dann wurde alles in eine Lederdecke gelegt, die mit Tragestangen als Bahre ausgebildet war.
— den von Asche gereinigten **Brandopfer-Altar** mit einem purpur**roten** Tuch bedecken. Darauf wurden alle dazugehörenden Geräte gelegt. Darüber wurde eine Lederdecke (Schutzdecke) gelegt und die Tragestangen angebracht.

Die Gersoniter sollten
– die Teppiche der **Wohnung** *tragen*
– die Umhänge des **Vorhofs** *tragen*
– die Spannseile und alles Gerät *tragen*

Die Merariter sollten
– die Balken der **Wohnung** sowie die Riegel, Säulen und Füße *tragen*
– die Säulen des **Vorhofs** sowie die Füße *tragen*
– alle Spannseile und dazu gehörendes Gerät *tragen*

Die kupferne Schlange
4.Mose 21,4-9

> *»Und sie brachen auf vom Berge Hor, auf dem Wege zum Schilfmeer, das Land Edom zu umgehen, und das Volk ward ungeduldig auf dem Wege. Und das Volk redete gegen Gott und gegen Mose: Wozu habt ihr uns heraufgeführt aus Mizrajim, in der Wüste zu sterben? Denn da ist kein Brot, und da ist kein Wasser, und uns ekelt vor dem elenden Brote. Da ließ der EWIGE gegen das Volk los die giftigen Schlangen, die das Volk bissen, und es starb viel Volks in Israel. Da kam das Volk zu Mose, und sie sprachen: Wir haben gefehlt, daß wir geredet haben gegen den EWIGEN und gegen dich. Bete zum EWIGEN, daß er von uns die Schlangen abwende. Und Mose betete für das Volk. Und der EWIGE sprach zu Mose: Mach dir eine Schlange und setze sie auf eine Stange, und es geschehe, wer gebissen wird, der sehe sie an, und er bleibe leben. Und Mose machte eine kupferne Schlange und setzte sie auf eine Stange, und es geschah, wenn eine Schlange jemanden gebissen hatte und er schaute auf die kupferne Schlange, so blieb er leben«* (4.Mo.21,4-9).

Ein wichtiges Ereignis am Ende der 40jährigen Wanderung von Ägypten nach Kanaan war die Bestrafung des murrenden Gottesvolkes durch giftige Schlangen. Dieses Gericht Gottes traf die Generation, die in der Wüste geboren war. Sie hatte den EWIGEN nicht erlebt, wie er sein Volk aus dem Diensthause Mizrajim befreit hatte. Wie die Eltern, so lehnten sich auch die Kinder gegen Gott und Mose auf. Sie hatten nichts gelernt! Daraufhin wurde das Volk von giftigen Schlangen gebissen, und viele Menschen mußten sterben. Israel ging aber nicht an den Schwierigkeiten, die ein solches Wüstenleben mit sich brachte, zugrunde, sondern durch seine ständige Auflehnung gegen Gottes Führungen. Selbst die Sünde des Volkes konnte nicht verhindern, daß Gottes Wille geschah – er wurde lediglich hinausgezögert. Die Zeit der Verzögerung ist für den Menschen aber immer ein Schaden, weil er sich damit um den Segen Gottes bringt.

Nachdem das Volk seine Sünde bekannt und Mose vor dem EWIGEN für das Volk um Vergebung gebetet hatte, wurde seine Gnade in der kupfernen Schlange zum Ausdruck gebracht. Gott ließ die giftigen Schlangen nicht einfach verschwinden, sondern durch Mose ein kupfernes Abbild herstellen. Dieses weithin sichtbare Symbol der Rettung war ein Zeichen der Glaubensprüfung. Jeder, der von einer Schlange gebissen worden war, konnte im Glauben auf die kupferne Schlange sehen und durfte leben.

In der Mischna heißt es, daß die kupferne Schlange weder die Kraft besaß zu töten noch lebendig zu machen. Aber, indem die Israeliten **aufwärts** blickten und ihre Herzen ihrem Vater im Himmel unterwarfen, wurden sie geheilt. Nur wenn sie das verweigerten, wurden sie getötet.

Jesus hat dieses Symbol der Rettung auf sich bezogen, als er von seinem Auftrag sprach:

> *»Wie Mose in der Wüste die Schlange erhöhte, so muß der Sohn des Menschen erhöht werden, damit jeder, der an ihn glaubt, ewiges Leben habe«* (Joh.3,14.15).

Wie die Schlange weithin sichtbar an einem Mast aufgerichtet war, so hing auch Jesus zwischen Himmel und Erde am Kreuz. Jeder, der ihn dort im Glauben sieht, wird gerettet. Dabei ist zu beachten, daß das Heil nicht in der aufgerichteten Schlange lag. Ebensowenig liegt das **Heil** in dem aufgerichteten Kreuz. Das Heil liegt in dem, der die **Erlösung erfand** (Hebr.9,12) – in dem EWIGEN selbst. Das Symbol der Rettung kann der Schwachheit des Glaubens sicher eine Hilfe sein, doch nie ist das Symbol selbst das Heil.

Das zeigt die Geschichte Israels in aller Deutlichkeit, wo das Symbol der erhöhten Schlange später zu einem **magisches Zeichen** und schließlich zu einem **Götzenbild** wurde, welches König Hiskia 730 Jahre später vernichten ließ (2.Kö.18,3.4).

Heute tragen viele Menschen ein Kreuz an einer Halskette. Manche tragen dazu noch ihr Sternbildzeichen als Glücksbringer oder Talisman. Damit wird diesen Zeichen und Symbolen eine **magische Bedeutung** zugemessen, die dem EWIGEN ein Greuel ist.

Wo das Kreuz allerdings als Zeichen des **Glaubensbekenntnisses** an den auferstandenen HERRN Jesus getragen wird, da wird es zum Zeichen der **Verkündigung**.

Anmerkung:
Die Schlange wird in der christlichen Lehre immer mit **Satan** oder dem **Teufel** gleichgesetzt. Dabei wird übersehen, daß im Gespräch der Schlange mit Eva nichts vom Satan oder dem Teufel steht, weder daß diese durch die Schlange sprachen, noch daß sie durch die Schlange repräsentiert würden. Interessant ist der Zahlenwert der Begriffe **Schlange** und **Gesalbter** in der hebräischen Sprache, der bei beiden gleich ist:
Schlange (*nachasch*) $\quad 300 + 80 + 50 = 358$
Gesalbter (*maschiach*) $\quad 8 + 10 + 300 + 40 = 358$
Jesus selbst berief sich ja auf die erhöhte Schlange und identifizierte damit seine eigene »Erhöhung« am Kreuz (Joh.3,14.15).

Israels Landnahme

»Im Lande Israel entstand das jüdische Volk. Hier prägte sich sein geistiges, religiöses und politisches Leben. Hier schuf es eine nationale und universelle Kultur und schenkte der Welt das Buch der Bücher.«

Mit diesen Worten beginnt die Unabhängigkeitserklärung des heutigen Staates Israel.

Seit der Einnahme des Landes Kanaan vor etwa 3500 Jahren durch die Kinder Israel ist der Anspruch auf die Heimat der Juden nie aufgegeben worden, gleichgültig, ob sie in vorchristlicher Zeit oder in der Neuzeit in aller Welt zerstreut lebten. Kein anderes Volk hat jemals ein Stück Erde derart als Grundlage seiner nationalen Existenz betrachtet.

Ende des 19.Jahrhunderts begann die Rückkehr der Juden nach Palästina. Von dieser Zeit an erstrebte die zionistische Bewegung die Gründung eines jüdischen Staates. Im November 1947 verabschiedete die UNO einen Teilungsplan für das britische Mandatsgebiet Palästina, der ein jüdisches und ein palästinensisches Staatswesen vorsah. Als dann am 15. Mai 1948 650 000 Juden den Staat Israel ausriefen und seine Unabhängigkeit proklamierten, schlugen die arabischen Nachbarstaaten zu. Sie führten einen sieben Monate dauernden Krieg gegen Israel, der zur Folge hatte, daß Israel am Ende territorial besser dastand, als nach dem UNO-Teilungsplan vorgesehen. Auch in den folgenden Kriegen 1956 und 1967 – von den Arabern begonnen – gewann Israel Gebiete hinzu. Im Sechstagekrieg befreite Israel die »Westbank« (das sind die biblischen Gebiete Judäa und Samaria) einschließlich Ost-Jerusalem, sowie die gesamte Sinai-Halbinsel bis an den Suezkanal.

Als die Ägypter Israel am Jom-Kippur 1973 überraschend überfielen, gelang es dem israelischen Militär, über den Suezkanal nach Ägypten einzumarschieren. Viele Christen waren davon überzeugt, daß nun die verheißene Südwestgrenze – der Nil – erreicht worden sei. Der dieser Annahme zugrundeliegende, in der Bibel erwähnte, »Bach Ägyptens« ist aber nicht der Nil, sondern ein kleiner Bach im Nordosten des Sinai. Er ist mit der heutigen Grenze Israels zu Ägypten identisch. Durch jahrelange, schrittweise Entflechtungsabkommen zog sich Israel bis zum Frühjahr 1982 auf diese Grenze von 1949 zurück.

Nachdem die Grenzen im Süden des Landes – vom Roten Meer mit der Stadt Elat bis an das Mittelmeer unterhalb des Gazastreifens – und im Osten von Elat bis an das Tote Meer festlagen, begegnete Israel den ständigen Provokationen mit einem Einmarsch in den Libanon. Der Libanon war wie Palästina von 1517 bis 1917 (400 Jahre!) unter türkischer Herrschaft. Von 1917 bis 1926 war er französisches Mandatsgebiet. Danach wurde er eine unabhängige Republik. Allerdings war Syrien damit nicht einverstanden und versuchte ständig, Einfluß auf die libanesische Regierung zu nehmen. Der Libanon ist ein Schmelztiegel vieler Völker und Rassen des vorderen Orients. Somit gibt es *den* Libanesen nicht. Seit 1975 herrscht im Libanon ein Bürgerkrieg zwischen Moslems und christlichen Milizen, der von zwei Seiten geschürt wird: von den Syrern und der Palästinensischen Befreiungsorganisation (PLO). So war die PLO sieben Jahre der Staat im Staat, bis Israel eingriff und in den Libanon einmarschierte. Für dieses Vorgehen wurde Israel von fast allen Staaten der Welt verurteilt, leider auch von vielen Christen. Bevor Israels Aktion verurteilt werden kann, ist es notwendig zu wissen, was Gott zu dieser Situation in seinem Wort gesagt hat.

Mit der Berufung des Abraham begann die Geschichte eines Volkes, das im Mittelpunkt der Weltgeschichte steht. Abraham, dessen Vater

Tharah **Noah** noch gekannt haben mußte, lebte in Ur in Chaldäa (dem heutigen Irak). Die Stadt Ur lag an einem der vier Hauptflüsse des Gartens Eden (1.Mo.2,14). Die Sumerer, Chaldäer und Babylonier, die dort regierten, waren hochentwickelte Kulturvölker. Sie gaben ihrer Frömmigkeit durch gewaltige Tempelbauten und Götzenanbetung Ausdruck. Aus dieser Umgebung berief der EWIGE den Abraham. Gott wollte ihn in ein Land bringen und dort zu einem großen Volk machen (1.Mo.12,1.2). Im Land Kanaan angekommen, bekam Abraham die Verheißung, daß Gott seinen Nachkommen dieses Land geben wolle (1.Mo.12,7). Diese Verheißung wurde im Leben des Abraham ständig wiederholt:

> *»Auf, wandle durch das Land nach seiner Länge und seiner Breite, denn dir werde ich es geben!« (1.Mo.13,17)*

Nach jüdischer Tradition war das Durchziehen eines Landes eine gesetzliche Formalität, die den Erwerb bedeutete. Später konkretisierte Gott seine Zusage, indem er die Grenzen festlegte. An diesem Tage machte der EWIGE mit Abraham einen Bund:

> *»Deinem Samen gebe ich dieses Land vom Strome Mizrajims bis an den großen Strom, den Strom Euphrat« (1.Mo.15,18).*

Anmerkung:
Mit »Strom Mizrajims« ist der Bach Ägyptens gemeint (4.Mo.34,5) – dem Wadi el-Arisch –, der die Grenze zwischen Ägypten und Israel bildet. Der Euphrat bildete die ideale Grenze für das israelitische Gebiet, die aber erst in den Tagen des Königs Salomo erreicht wurde (1.Kö.5,1).

Obwohl Abraham mit 100 Jahren immer noch keinen Erben hatte, erneuerte der EWIGE den Bund mit der Zusage:

> *»Ich gebe dir und deinem Samen nach dir das Land Kanaan zum **ewigen** Eigentum und ich werde ihr Gott sein« (1.Mo.17,8).*

Später bestätigte der EWIGE seinen Eid an Abraham auch an dessen Sohn Isaak (1.Mo.24,6.7). Auch der Enkel Abrahams – Jakob – erhielt die gleiche Zusage (1.Mo.28,13). Nachdem Gott, der Allmächtige (EL SCHADDAI) Jakob den Namen **Israel** gegeben hatte, bekräftigte er die Landverheißung noch einmal:

»Das Land, das ich gegeben dem Abraham und dem Isaak, dir werde ich es geben, und auch deinem Samen nach dir werde ich geben das Land« (1.Mo.35,12).

Nach 215 Jahren Schweigen redete Gott mit Mose als der **EWIGE**, der Abraham, Isaak und Jakob unter dem Namen »Allmächtiger Gott« erschienen war (2.Mo.6,2.3).

»Ich werde euch bringen in das Land, welches zu geben dem Abraham, dem Isaak und dem Jakob ich meine Hand aufgehoben habe; und das werde ich euch geben als Besitz, ich, der EWIGE« (2.Mo.6,8).

Nachdem Gott sein Volk Israel aus der Knechtschaft Ägyptens herausgeführt und ihm seine Gebote gegeben hatte, gab er die Vernichtung der Einwohner Kanaans bekannt und legte die Grenzen Israels in groben Zügen fest (siehe Karte):

»Ich werde deine Grenzen setzen vom Schilfmeer (Rotes Meer) bis zum Meere der Pelischtim (Mittelmeer) und von der Wüste (Zin) bis zum Strome (Euphrat)« (2.Mo.23,31).

Kurz vor Moses Tod, als das Volk Israel nach 40jähriger Wanderung am Ostufer des Jordan stand, gab Gott die genauen Grenzen in Kanaan und dem Ostjordanland bekannt (siehe 4.Mo. 34,1-12):

Die Grenze im **Süden** sollte von der südlichen Spitze des Toten Meeres (Salzsee) in südwestlicher Richtung bis Kadesch Barnea gehen; von dort bis zum Bach Ägyptens und nordwestlich bis zum Mittelmeer.

Die Grenze im **Westen** bildete das Mittelmeer. Sie begann beim Bach Ägyptens und verlief an der Küste in nördlicher Richtung über den Karmel, Tyrus, Sidon, den Libanon bis zum nordöstlichen Ufer der Bucht von Alexandrette (jüdischer Kommentar von S. H. Isaacs).

Die Grenze im **Norden** führte vom Mittelmeer in östlicher Richtung bis zum Berg Hor. Dieser Berg war nicht identisch mit dem Berg gleichen Namens, auf dem Aaron starb. Vielmehr war dies der Berg Amanus, der heute Giaour Dagh heißt. Von der Paßhöhe des Amanus führte die Grenze weiter bis nach Hamat über Sedat nach Afrin und nach Hazar Enan. Daß die Ausdehnung der Nordgrenze die alten hetitischen Siedlungen einbezog, stimmt mit Josua 1,4 überein:

»Das ganze Land der Hetiter (hebr.: Chittim) und bis zum großen Meer (Mittelmeer) – dem Untergang der Sonne – soll euer Gebiet sein.«

Die Grenze im **Osten** führte von Hazar Enan in südlicher Richtung hinab zum See Kinneret (Galiläisches Meer oder See Tiberias) und weiter dem Jordan folgend bis zum Toten Meer (Salzsee).
Weiter sagte Mose zu dem Volk:

> *»Wenn ihr beachtet dies ganze Gebot, das ich euch gebiete, es zu tun, den EWIGEN, euren Gott, zu lieben, in allen seinen Wegen zu wandeln und ihm anzuhangen, so wird der EWIGE austreiben vor euch alle diese Völker, und ihr werdet einnehmen **größere** und **mächtigere** Völker, denn ihr seid. Jeglicher Ort, darauf der Ballen eures Fußes tritt – euer sei er, von der Wüste und dem Libanon, von dem Strome, dem Euphrat, bis zum äußersten Meer soll euer Gebiet sein. Und kein Mann soll euch standhalten; Angst und Furcht vor euch wird der EWIGE, euer Gott, legen auf jegliches Land, darauf ihr tretet, wie er euch verheißen!«* (5.Mo.11,22-25)

Nachdem Mose gestorben war, redete der EWIGE mit Josua und ermutigte ihn, über den Jordan zu gehen. Alles Land, worauf die Kinder Israel treten würden, sollte ihnen gehören, von der Wüste bis zum Libanon, vom Euphrat und dem ganzen Land der Hetiter bis zum Mittelmeer. Josua wurde aufgefordert, stark und mutig zu sein und dem Volk das Land auszuteilen, das der EWIGE ihren Vätern zugesagt hatte (Jos.1,1-9).

Nun begann ein jahrzehntelanger Eroberungsfeldzug des Volkes Israel mit gewaltigen Siegen – aber auch peinlichen Niederlagen, die ihre geistlichen Ursachen hatten. Nach dem Sieg über die Festung Jericho folgte die Niederlage bei der Stadt Ai. Selbstüberschätzung und verborgene Sünde waren die Ursache. Es folgte der Bund mit den Gibeonitern. Weil Israel nicht nach Gottes Willen fragte, fiel es auf die List der Gibeoniter herein. Obwohl Gott geboten hatte, mit den Einwohnern des Landes keinen Bund zu machen, sündigte Israel gleich zweimal (Jos.9). Inzwischen hatte Israel 31 Stadtkönige besiegt (Jos.12). Als nun Josua hochbetagt war, sprach der EWIGE zu ihm:

> *»Es ist noch sehr viel Land übrig, das in Besitz genommen werden muß. Dies ist das Land, was noch übrig ist: alle Bezirke der Philister und ganz Geschur, vom Schihor an, der östlich von Ägypten fließt, bis zur Grenze von Ekron im Norden – es wird zum Gebiet der Kanaaniter gerechnet – die fünf Fürsten der Philister:*
> *– Gaza*
> *– Aschdod*
> *– Aschkelon*

– *Gat*
– *Ekron*
...*der ganze* **Libanon**, *von Baal-Gad am Fuße des Hermongebirges bis nach* **Hamat**« *(Jos.13,1-5; siehe auch Hes.47,13-20).*

Bis heute hat Israel den Befehl des EWIGEN, seines Gottes, nicht ausgeführt. Die Philister konnten nie ganz besiegt werden, so daß es zu ständigen Auseinandersetzungen kam. Nur einmal – unter der Herrschaft des Königs Salomo – war das ganze verheißene Land vereinigt, denn er herrschte über das ganze Land diesseits des Euphrat, von Tifsach (das ist Tapsakus am westlichen Ufer des Euphrat) bis Gaza (1.Kö.5,4) bzw. von Hamat bis an den Bach Ägyptens (1.Kö.8,65).

Heute vollzieht sich vor den Augen der Weltmächte die Geschichte der Landnahme durch Israel noch einmal. Dabei hat jeder Angriff auf Israel durch die arabischen Nachbarstaaten das Territorium zugunsten des Staates Israel verbessert. Immer ging Israel gegen eine 40fache militärische Übermacht der Feinde als Sieger hervor. Der größte Teil des heutigen Libanon gehörte nach der Landverteilung dem Stamm Asser (Jos.19,24.25). Der Gazastreifen ist ein Relikt aus der Zeit der Landnahme unter Josua, der nie von den Israeliten eingenommen wurde. Später wurde das Land Israel von den Römern als römische Provinz Palästina bezeichnet. Dieser Name ist bis heute erhalten geblieben und ist für die PLO die Grundlage ihres Besitzanspruchs. Dazu sagte der israelische Ministerpräsident Menachem Begin im September 1982: »Israel denkt nicht an die Rückgabe des seit 1967 besetzten Westjordanlandes, das aus den biblischen jüdischen Gebieten **Judäa** und **Samaria** besteht. Judäa und Samaria werden nie wieder die ›Westbank‹ des Haschemiten-Königreiches Jordanien sein.«

Das sporadische Vorgehen Israels – auch im Libanon – erinnert an den Befehl Gottes:

Der EWIGE, dein Gott, wird diese Völker vor dir austreiben, nach und nach. Du wirst sie nicht schnell aufreiben können...und der EWIGE, dein Gott, wird sie hingeben vor dir und sie verwirren durch große Verwirrung bis zu ihrer Vertilgung« (5.Mo.7,22.23).

Nach Gottes Wort wird es im Nahen Osten auch in Zukunft militärische Auseinandersetzungen geben. Jordanien und Syrien werden noch Land abgeben müssen, welches Gott seinem Volk versprochen hat. Die Weltmächte werden weiter nach Friedensmöglichkeiten suchen, bis der Messias – der Friedefürst **Jeshua** – kommen wird. Dann erst wird **Friede** sein!

Prophetie und Zionismus

Prophetie – wie auch Zionismus – sind Reizworte, die untrennbar zusammengehören. Der Begriff Prophetie kommt in der Hebräischen Bibel (AT) wie auch im Neuen Testament vor. So sprach Mose zum Volk Israel:

»Einen **Propheten** *aus deiner Mitte von deinen Brüdern, gleich mir, wird der EWIGE, dein Gott, dir aufstehen lassen. Auf ihn sollt ihr hören« (5.Mo.18,15).*

Von König Saul wird berichtet, daß er bei den Propheten war, d.h. er war einer von ihnen und weissagte. Und im Neuen Testament heißt es, daß Gott in den Gemeinden etliche zu **Propheten** berufen und eingesetzt hatte (1.Kor.12,28; Eph.4,11).

Was ist nun Prophetie bzw. prophetische Rede? Sie ist eine bestimmte Aussage in Form von Weissagung, die auf reale, gegenwärtige Situationen Bezug nimmt. Oft wird dabei auf die Vergangenheit hingewiesen oder an sie angeknüpft, wie z.B. an den Exodus (Auszug aus Ägypten) oder an die Verheißung des Landes Kanaan. In gleicher Weise nimmt die prophetische Rede Gerichtsandrohungen Gottes aus der Vergangenheit auf, um dem Volk die Folgen seines Ungehorsams zu verdeutlichen.

In bestimmten Situationen, wie z.B. der babylonischen Gefangenschaft, wird auf eine zukünftige Sammlung und Erneuerung des Volkes hingewiesen, wie es die Propheten Jeremia, Jesaja und Hesekiel in besonderer Weise getan haben. Als die sogenannten drei großen Propheten in der Hebräischen Bibel (AT) waren sie Sprachrohre, durch die der EWIGE sich seinem Volk Israel mitteilte. In der prophetischen Rede wurde dabei die Persönlichkeit des Propheten in seiner familiären, gesellschaftlichen oder politischen Umgebung als lebendige Demonstration mit einbezogen. Der Prophet Hosea mußte sogar im Auftrag Gottes eine Hure heiraten und Kinder mit ihr zeugen. Dadurch sollte dem abtrünnigen Volk, das mit fremden Göttern gehurt hatte, sein Zustand, aber auch die vergebende Liebe Gottes vor Augen geführt werden (Hos. 1,2).

Der Begriff **Zionismus** knüpft direkt an die Voraussagen der Propheten an, die sich auf eine nationale Wiederherstellung Israels beziehen. Dabei spielt **Zion** – das ist die Stadt Davids auf dem Südosthügel Jerusalems, oberhalb des Kidrontales (1.Kö.8,1; 1.Chro.11,5; 2.Chro.5,2) – im Judentum eine nicht wegzudenkende Rolle. **Zion** ist der Inbegriff der Sehnsucht nach der Heimat. Dieses »Heimweh« Israels nach **Zion** ist auf der **Zusage** Gottes gegründet:

> »*Ich werde euch das Land Israel geben« (Hes.11,17).*

Schon lange vor der babylonischen Gefangenschaft hatte der Prophet Jesaja angekündigt, daß die Erlösten des HERRN nach **Zion** zurückkommen werden (Jes.51,11). Und so entstand der Psalm 137, als Israel an den Wassern zu Babel saß und weinte, wenn es an **Zion** dachte:

> »*Wenn ich dich, Jerusalem, vergessen würde, würde ich meine Rechte vergessen. Meine Zunge soll an meinem Gaumen kleben, wenn ich nicht an dich denken würde und Jerusalem meine höchste Freude sein ließe!« (Ps.137,5.6)*

Die **Prophetie** zeigt das Handeln Gottes in der Geschichte des Volkes Israel bis in die Gegenwart und darüber hinaus in eine Zukunft der Vollendung. Das Heimweh heimatvertriebener Menschen erlischt nach allgemeiner Erfahrung mit ihrer Generation. Damit Israel in der Zerstreuung nicht vom gleichen Schicksal heimgesucht wurde, schickte Gott immer wieder Propheten, die auf die **Zusagen** des EWIGEN hinwiesen und das Volk ermutigten, ihre Heimat nicht zu vergessen. Dabei standen »Israel«, »Zion« und »Jerusalem« für eine nicht wegzudenkende Wirklichkeit.

Anmerkung:
Heute wird der Staat Israel sogar von vielen Christen beschuldigt, ein Polizeistaat zu sein und Rassismus zu betreiben, indem den Palästinensern ihr Land weggenommen werde, um israelische Siedlungen darauf zu bauen. Dabei wird übersehen, daß die arabischen Staaten Israel angegriffen haben, um es zu vernichten. Die Gebiete, die Israel bei seiner Verteidigung dabei »befreit« hat, sind nun sein Eigentum, welches die arabischen Angreifer verloren haben. Die Besiedlung dieser Gebiete ist vergleichbar mit den deutschen Ostgebieten in Schlesien und Ostpreußen. Deutschland hat diese Gebiete durch seinen Angriffskrieg gegen Polen und Rußland verloren. Der Sieger kann nun damit machen, was er will. Selbst dort geborene, z.Zt. noch lebende Deutsche haben keinen Besitzanspruch auf ihr Land.

Nachdem der Perserkönig Koresch (Cyros) Babylon erobert hatte, durften die Juden nach Jerusalem zurückkehren. Etwa 600 Jahre später – 70 n.Chr. – wurde Jerusalem von den Römern zerstört und Israel in alle Welt zerstreut. Das Land Israel – von den Römern später als »Palästina« bezeichnet – bot den Juden keine Heimat mehr. Damit begann die 1900jährige Odyssee eines Volkes, mit dem Gott einen ewigen Bund gemacht hatte, an den die Landverheißung geknüpft war.

Israels Antwort auf die Zusagen des EWIGEN ist der **Zionismus**. Er ist keine Erfindung Theodor Herzls. Er ist vielmehr Inbegriff jüdischen Denkens. Die Juden wären in ihrer Identität als weltweit zerstreutes Volk sicher untergegangen, wenn sie von ihren Rabbinern nicht immer wieder – gleichsam prophetisch – auf die Rückkehr in das von Gott verheißene Land Israel hingewiesen worden wären. Theodor Herzl war sicher der Begründer des **politischen** Zionismus, ausgehend von der Frage: »Wo ist ein Land ohne Volk für ein Volk ohne Land?« Aber schon Anfang des 19. Jahrhunderts legte der englische Jude Sir Moses Montefiore den Grund für den **modernen** Zionismus, als er 1839 in London die Idee eines jüdischen Staates vertrat. Um diese Zeit traten auch Christen in Europa für diese Idee ein. Damit wurde der äußere Rahmen für den Zionismus gelegt.

Nach der Zerstörung Jerusalem und des Tempels 70 n.Chr. durch die Römer war das Land – und vor allem Jerusalem – Ursache vieler Auseinandersetzungen. Jesu Worte, daß Jerusalem von den Nationen zertreten würde, bis deren Zeit um ist (Luk.21,24), hat sich unmittelbar erfüllt. Ob es nun Römer, Kreuzfahrer, Moslems oder Christen waren, alle haben Jerusalem zertreten – bis zum heutigen Tag. Christen bestehen auf ihren neutestamentlichen Stätten. Jede Kirche behauptet von sich, die echte Geburtsstätte, die echte Kreuzigungsstätte, das echte Grab Christi usw. zu besitzen. Überall wurden Kirchen gebaut und die sogenannten heiligen Stätten oftmals blutig verteidigt. Die Moslems behaupten sich auf dem ehemaligen, aufgeschütteten Tempelplatz und lassen keinen religiösen Juden hinein. Was den Juden geblieben ist, ist ein kleines Stückchen Mauer des ehemaligen Tempels, die Westmauer, an der sie beten.

Die Geschichte Jerusalems
nach der Zerstörung des zweiten Tempels

Um die Sehnsucht der Juden nach ihrer Heimat verstehen zu können, ist es sicher sinnvoll, die Zeit nach der Zerstörung des Tempels und der Stadt Jerusalem im Jahre 70 n.Chr. an einem geschichtlichen Überblick ins Bewußtsein zu rufen:

- 135 n.Chr. verbot der römische Kaiser Hadrian bei Todesstrafe jedem Juden das Betreten Jerusalems.
- 319 n.Chr. erklärte Kaiser Konstantin das Christentum zur Staatsreligion. Nun siedelten Christen an die Stätten, die ihnen heilig waren (Jerusalem – Kreuzigung, Bethlehem – Geburt, Nazareth – Leben Jesu), und bauten dort ihre Kirchen. Die frühe Christenheit, durch die katholische Kirche Roms vertreten, beanspruchte für sich, das wahre Israel zu sein, nachdem Gott sein Bundesvolk offensichtlich als Gottesmörder hatte fallen lassen.
- 614 eroberten die Perser das Land und gaben dem jüdischen Überrest Jerusalem für drei Jahre zurück.
- 629 nahmen die Byzantiner das Land erneut in Besitz, brachten das angebliche Kreuz nach Jerusalem zurück und vertrieben die Juden.
- 632, kurz nach Mohammeds Tod, eroberten die Araber das Land, in dem zu der Zeit immer noch vereinzelt jüdische Familien lebten, und herrschten rund 450 Jahre. Bis 1009 n.Chr. waren Juden und Christen Bürger zweiter Klasse und der moslemischen Obrigkeit untertan.
- 1091 eroberte ein türkischer Stamm Jerusalem und den größten Teil des Landes.
- 1099 begannen die Kreuzfahrer ihre rund 200 Jahre andauernde Fremdherrschaft über das Land Israel. Sie eroberten Jerusalem, wobei sie die Juden bei der Verteidigung ihres Stadtviertels in ihren Synagogen verbrannten. Den Juden wurde der Aufenthalt in Jerusalem untersagt.
- 1187 eroberten Saladin und seine Sarazenen Jerusalem und erlaubten den Juden die Besiedlung der Stadt. Juden aus Europa, dem Jemen und Nordafrika kamen zurück in ihre Heimat.
- 1291 endete die Fremdherrschaft der Kreuzfahrer, nachdem die Mamelucken in Ägypten an Macht gewannen. Sie eroberten die Küstenstädte Akko und Jaffa und machten das Land zu einer rückständigen Provinz von Damaskus. In Jerusalem, wo noch 70 Juden lebten, herrschte Armut.
- 1517 begann die 400 Jahre dauernde ottomanische Herrschaft, die 1917 mit der Eroberung des Landes durch die Engländer endete. 1517 lebten etwa 1000 jüdische Familien im Land. Jüdische Flüchtlinge, vor allem aus Spanien und der Ukraine, siedelten sich an und gaben dem Geistesleben in Jerusalem neuen Aufschwung.
- Auch Napoleon versuchte, das »Heilige Land« zu erobern, konnte aber die Mauern Akkos nicht überwinden. Um 1800 war die jüdische Bevölkerung im Lande wieder auf 10 000 Seelen angewach-

sen. Nach 1840 verbesserte sich das Los der Juden, und durch Einwanderungen (Rückkehr nach Erez Israel) wuchs die jüdische Gemeinschaft. Neben der Errichtung neuer Siedlungen war Jerusalem das Hauptziel der rückkehrenden Juden, so daß sie zur größten Stadt wurde und um 1880 eine jüdische Bevölkerungsmehrheit besaß.
- 1878 wurde mit der ersten landwirtschaftlichen Siedlung der Wiederbeginn der jüdischen nationalen Existenz begründet.
- 1897 organisierte Theodor Herzl in Basel den ersten Zionistenkongreß. Der damit verbundene **moderne** Zionismus ist die Antwort auf eine jahrtausendelange Diskriminierung und Ächtung, Unterdrückung und blutige Verfolgung der Juden in aller Welt. Sein Ziel war die Heimkehr aller Juden in das Land Israel und die Wiedergeburt des jüdischen Volkes auf seinem Boden. Nun folgten mehrere Einwanderungswellen – Alija genannt.
- 1902 war Hebräisch die Umgangssprache der jüdischen Bevölkerung im Lande.
- 1914 gab es 85 000 Juden im Land. Zu Beginn des 1. Weltkriegs deportierte die damalige türkische Regierung viele Juden, so daß bis Kriegsende 11 300 Juden das Land verlassen mußten und in ägyptischen Flüchtlingslagern dahinvegetierten.
- 1917 zog der britische General Allenby in Jerusalem ein und beendete die 400jährige ottomanische Herrschaft über das »Heilige Land«. Mit der Balvour-Erklärung war Großbritannien eine der wenigen Großmächte, welche die historischen Bande zwischen dem jüdischen Volk und Palästina anerkannten. Damit waren aber die Araber nicht einverstanden, was zur Folge hatte, daß es zu vielen Ausschreitungen gegenüber den jüdischen Siedlungen kam. Mit der Beendigung der britischen Mandatszeit verkündeten die in Palästina lebenden Juden am 14. Mai 1948 die Gründung des Staates Israel. Dabei ist die Frage, ob der heutige Staat Israel mit den Verheißungen Gottes und dem biblischen Volk Israel identisch sei, zu bejahen, denn:
- das Territorium, auf dem sich der Staat Israel befindet, ist das Land, welches der EWIGE seinem Volk zugesagt hat, und
- das Volk Israel besteht aus Juden, denen immer noch der ewige Bund Gottes gilt, den der EWIGE mit Abraham geschlossen hat (1.Mo.17,1-8).

Bei der Betrachtung der Geschichte Israels fällt auf, daß es seit seiner Berufung ein Zankapfel aller Nationen dieser Welt war und ist, denn so spricht der EWIGE:

*»Siehe, ich mache Jerusalem zu einer **Taumelschale** für alle Völker ringsum...an jenem Tag, da mache ich Jerusalem zu einem **Stemmstein** für alle Völker. Alle, die ihn hochstemmen wollen, werden sich wund reißen! Alle Nationen der Erde werden sich gegen Jerusalem versammeln« (Sach.12,2.3).*

Die Nationen sind betrunken von ihrem wahnsinnigen Haß. Sie haben keinen klaren Blick mehr, die Perspektiven verschieben sich. Und Jerusalem ist der Laststein, der als Ärgernis ständig im Wege ist. Aber keine Nation und keine Macht der Welt wird ihn wegheben können. Das zeigt auch die Ohnmacht der UNO, denn wie oft haben sich die Nationen die Finger blutig gerissen! Das verdeutlicht, daß es nicht allein um das Volk der Juden und das kleine Fleckchen Israel geht, sondern um die Ehre des EWIGEN.

»Israel wird erkennen, daß ich der EWIGE bin.« (Hes.37,14)
»Und alle Nationen werden erkennen, daß ich der HERR bin, der Israel heiligt.« (Hes.36,23.36; 37,28)
»Ich, der EWIGE, habe geredet und werde es tun.« (Hes.17,24)

Die Zeit der Nationen geht ihrem Ende entgegen. Politische Systeme und Machtblöcke fallen in sich zusammen wie Kartenhäuser. Die Juden aus Rußland und Äthiopien kommen zu Tausenden nach »Erez Israel«, ihrer von Gott zugesagten Heimat.

Und was bringt die Zukunft?
Es wird eine Zeit geben, wo Assyrien und Ägypten gemeinsam mit Israel ein Segen mitten auf der Erde sein werden. Dann wird sie der HERR der Heerscharen segnen und sagen:

*»Gesegnet sei Ägypten, **mein Volk**, und Assur, **meiner Hände Werk**, und Israel, **mein Erbteil**!« (Jes.19,23-25)*

Die Stiftshütte 2.Mose 25-40

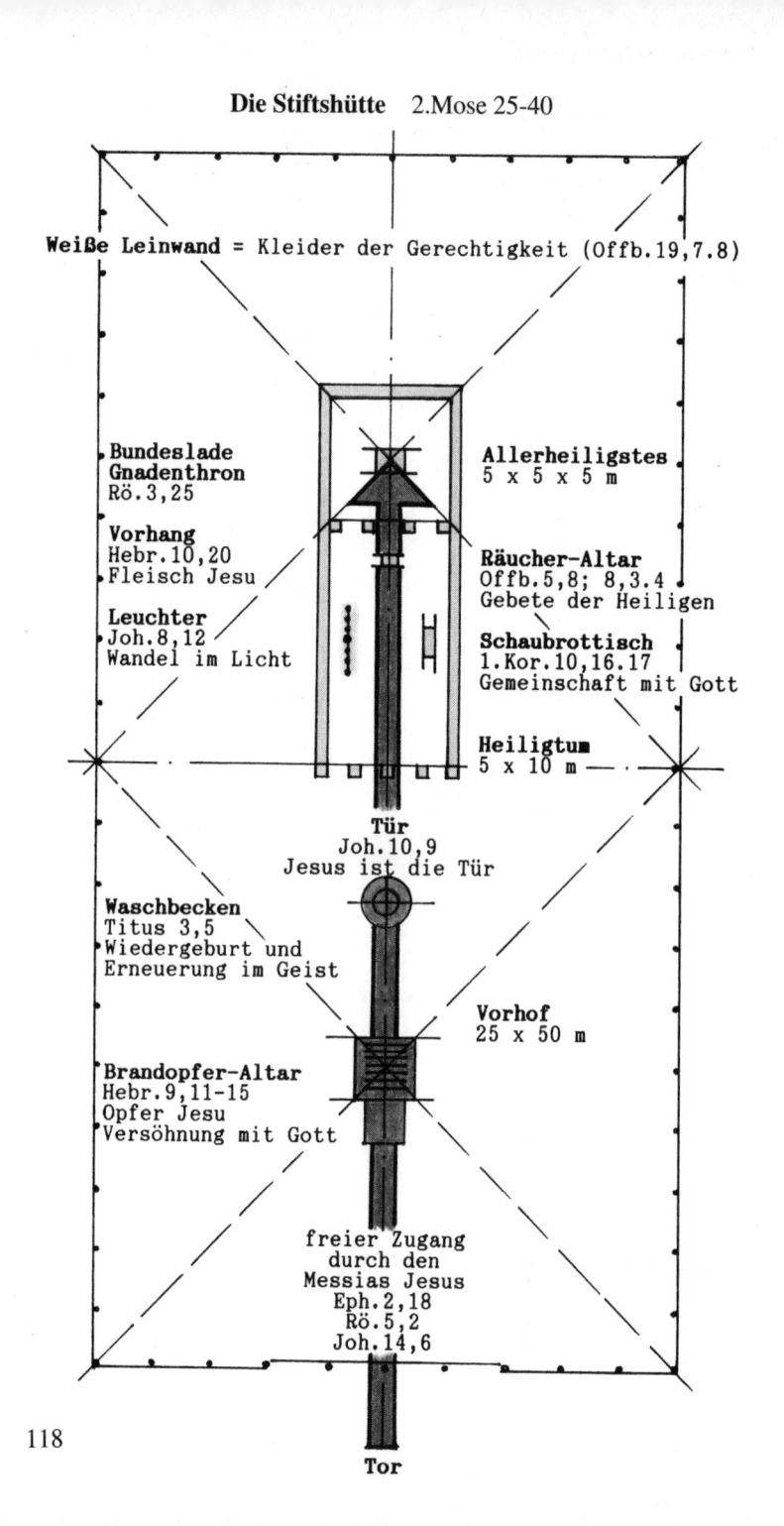

Weiße Leinwand = Kleider der Gerechtigkeit (Offb.19,7.8)

Bundeslade
Gnadenthron
Rö.3,25

Allerheiligstes
5 x 5 x 5 m

Vorhang
Hebr.10,20
Fleisch Jesu

Räucher-Altar
Offb.5,8; 8,3.4
Gebete der Heiligen

Leuchter
Joh.8,12
Wandel im Licht

Schaubrottisch
1.Kor.10,16.17
Gemeinschaft mit Gott

Heiligtum
5 x 10 m

Tür
Joh.10,9
Jesus ist die Tür

Waschbecken
Titus 3,5
Wiedergeburt und
Erneuerung im Geist

Vorhof
25 x 50 m

Brandopfer-Altar
Hebr.9,11-15
Opfer Jesu
Versöhnung mit Gott

freier Zugang
durch den
Messias Jesus
Eph.2,18
Rö.5,2
Joh.14,6

Tor

Der Stammbaum Jesu

```
.as                                                              Matthäus
.mmbaum der Maria                                         Stammbaum des Joseph
'on Adam -                                                   - von Abraham -
ie der Verheißung              JESUS                    Linie der Verheißung
 Adam und Eva              der Messias-König                  an Abraham
o.1,28                                                         1.Mo.12,1-3
                    MARIA       13      JOSEPH
ürliche             ELI         12      JAKOB         erbrechtliche
schenlinie MATTHAT              11      MATTHAN       Königslinie
             LEVI               10      ELEASER
             MELCHI              9      ELIHUD
             JANNAI              8      ACHIM
             JOSEPH              7      ZADOK
             MATTHAI             6      ASOR
 AMOS                            5      ELIAKIM
 AHUM (+9)                       4      ABIHUD
─────── Jer.25,11.12;29,14 nach 70 Jahren Tempelbau ───────
RUBABEL                          3                    SERUBABEL        Esra 3,8
─── letzter belegter Name, der im NT erwähnt wird ───
ALTHIEL     1.Chr.3,18           2                    SEALTHIEL        1.Chro.3,18
 I                               -      fehlen bei  { JECHONJA         1.Chro.3,17; Jer.22,24-30
CHI       11 Reg.Jahre           -      Matthäus    { ZEDEKIA          2.Kö.24,18
 I                               1                    JOJACHIN         2.Kö.24,6
           } Beginn der
AM         11} babyl.Gef.        -      fehlen bei  JOAHAS-JOJAKIM    2.Kö.23,31-36; 2.Chro.36,1-6
                                                Matthäus
ADAM       31 Reg.Jahre         14                    JOSIA            2.Kö.22,1
            2 Reg.Jahre         13                    AMON             2.Kö.21,19
US         55 Reg.Jahre         12                    MANASSE          2.Kö.21,1
ESER       29 Reg.Jahre         11                    HISKIA           2.Kö.18,1
RIM        16 Reg.Jahre         10                    AHAS             2.Kö.16,1
TTHAT      16 Reg.Jahre          9                    JOTHAM           2.Kö.15,32
VI         52 Reg.Jahre          8                    USIA=ASARJA      2.Kö.15,1.2
MEON       29                    -      fehlen bei  { AMAZIA           2.Kö.14,1
DA         40   70 Jahre         -      Matthäus    { JOAS             2.Kö.12,1     } 1.Chro.3,10-16
SEPH        1                    -      Königin  ATHALJA  AHASJA       2.Kö.8,26
AM          8 Reg.Jahre          7                    JORAM            2.Kö.8,16
AKIM       25 Reg.Jahre          6                    JOSAPHAT         1.Kö.22,41
EA         41 Reg.Jahre          5                    ASA              1.Kö.15,9
NA          3 Reg.Jahre          4                    ABIA             1.Kö.15,1
HATHA      17 Reg.Jahre          3                    REHABEAM         1.Kö.11,43
THAN       40  2.Sam.5,14        2               BATH SEBA-SALOMO      2.Sam.12,24
─ DAVID ─────────────────────── 14 (1)
  JESSE = ISAI                  13    } Zeit SAMUELS
  OBED                          12
  BOAS-RUTH                     11      Zwischenzeit von Richtern zu
  SALMA-RAHAB                   10      Königen, Ri.21,25; Ruth 1,1
  NAHESSON                       9      Ruth 4,18-22
  AMINADAB                       8    } Matth.1,2-6a
                                        Luk.3,32-34
  ADMIN    } bei Lukas           -
  ARNI-RAM } erwähnt             7
  HEZRON                         6    } 1.Mo.38,29
  PEREZ-THAMAR                   5
  JUDA                           4      1.Mo.29,35
  JAKOB                          3      1.Mo.25,26 *  70 ziehen nach
  ISAAK                          2      1.Mo.21,2-3   Ägypten, 1.Mo.
                                                      46,26.27
─ ABRAHAM ──────────────────────── 1
  THARAH                              ─
  NAHOR
  SERUG
  REGU
  PELEG                               } 1.Mo.11,10-26
  EBER                                  Luk.3,34-36

  SELAH
  KENAN     fehlt in 1.Mo.
  ARPACHSAD
  ARPACHSAD
  SEM                                 {
  NOAH
  LAMECH
  METHUSALLAH

  HENOCH                              } 1.Mo.5,1-32
  JAHRED                                Luk.3,36-38
  MAHALALEEL
  KENAN
  ENOS
  SETH
  ADAM
─ GOTT ─
```

Lagerordnung der zwölf Stämme Israel 4.Mose 2

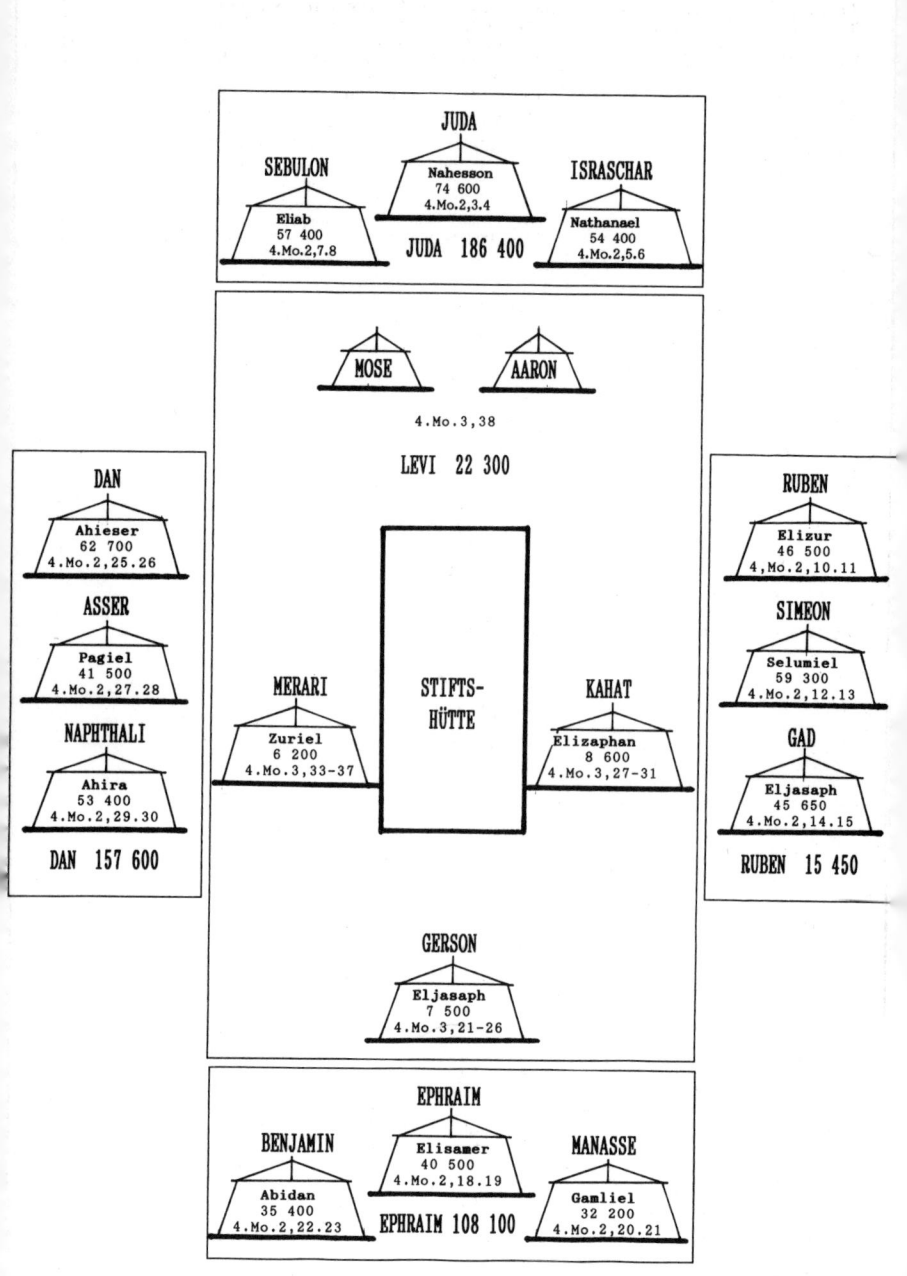

SEBULON
Eliab
57 400
4.Mo.2,7.8

JUDA
Nahesson
74 600
4.Mo.2,3.4

ISRASCHAR
Nathanael
54 400
4.Mo.2,5.6

JUDA 186 400

MOSE   AARON

4.Mo.3,38

LEVI 22 300

DAN
Ahieser
62 700
4.Mo.2,25.26

ASSER
Pagiel
41 500
4.Mo.2,27.28

NAPHTHALI
Ahira
53 400
4.Mo.2,29.30

DAN 157 600

MERARI
Zuriel
6 200
4.Mo.3,33-37

STIFTS-HÜTTE

KAHAT
Elizaphan
8 600
4.Mo.3,27-31

RUBEN
Elizur
46 500
4.Mo.2,10.11

SIMEON
Selumiel
59 300
4.Mo.2,12.13

GAD
Eljasaph
45 650
4.Mo.2,14.15

RUBEN 15 450

GERSON
Eljasaph
7 500
4.Mo.3,21-26

BENJAMIN
Abidan
35 400
4.Mo.2,22.23

EPHRAIM
Elisamer
40 500
4.Mo.2,18.19

MANASSE
Gamliel
32 200
4.Mo.2,20.21

EPHRAIM 108 100

Chronologie des Auszugs aus Ägypten 4.Mose 33

2.Mo.12,2 ff	10.01.01	Lamm nehmen - 4 Tage untersuchen,
2.Mo.12,6.7	14.01.01	Lamm schlachten - essen - Blut an die Türpfosten streichen.
2.Mo.12,31	15.01.01	**Auszug** aus Ägypten (nach 430 Jahren) auf einen Tag (2.Mo.12,40 ff),
2.Mo.12,18	21.01.01	Bis zu diesem Tag ungesäuertes Brot essen.
2.Mo.12,37		Von Raemses bis Sukkoth - mit 600 000 (2,5 Mill.) - von Nordosten
2.Mo.13,18		nach Süden - durch die Wüste am Schilfmeer
2.Mo.13,20		Von Sukkoth nach Etham am Rande der Wüste.
2.Mo.14,2		Lager zwischen Pi-Ha-Cheroth - zwischen Migdal = Turm/Festung (Grenzstation) und dem Meer = Bittersee vor Baal-Zephon = Herr des Nordens (Polarstern) auf der gegenüberliegenden Uferseite.
2.Mo.15,22		Vom Schilfmeer (Bittersee) in die Wüste Sur...
2.Mo.15,23	24.01.01	...3 Tage bis Mara (bitter) = 90 km Wegstrecke - von Mara nach Elim.
2.Mo.16,1	15.02.01	Von Elim nach Sin in die Wüste.
2.Mo.16,2		Nach 4 Wochen hatten sie nichts mehr zu essen.
2.Mo.17,1		Von Sin nach Raphidim (Wasser aus dem Felsen) schlagen!
2.Mo.17,7		Massa und Meriba.
2.Mo.17,8 ff		Kampf mit Amalek in Raphidim.
2.Mo.18		Mose begegnet seinem Schwiegervater Jethro.
2.Mo.19,1	01.03.01	Im 3.Monat nach dem Auszug aus Ägypten - Wüste Sin = hebr.: *Sin Bishr* (Zahn der Verkündigung = Zahnberg). Zahn = hebr.: *sheen* - arab.: *sin*.
2.Mo.19,16	03.03.01	Nach 3 Tagen erscheint der EWIGE. Mose und Aaron steigen auf den Berg.
2.Mo.24,16	07.03.01	Am 7.Tag ruft Gott Mose aus der Wolke.
2.Mo.24,18	17.04.01	40 Tage und Nächte war Mose auf dem Berg - (1.Gesetzestafeln)
2.Mo.34,28		(2.Gesetzestafeln)
2.Mo.40,17	01.01.02	**Beginn** der Aufrichtung der Stiftshütte.
3.Mo.9,1 ff	08.01.02	1.Opfer von Gott angenommen (V.24).
4.Mo.9,1-5	14.01.02	Pessach-Fest (nach einem Jahr!)
4.Mo.1,1 ff	01.02.02	Zählung der kampffähigen Männer.
4.Mo.9,11	14.02.02	Nachpessachfeier.
4.Mo.10,11	20.02.02	...vom Sinai nach Paran...
4.Mo.10,33	23.02.02	- 3 Tagereisen -
4.Mo.11,35		...weiter nach Ha-Zeroth
4.Mo.12,15		- 7 Tage Aufenthalt wegen Myriam (Aussatz).
4.Mo.12,16	30.02.02	...von Ha-Zeroth nach Paran...
4.Mo.13,3		Aussendung der 12 Kundschafter nach Kanaan (40 Tage = V.25).
4.Mo.14,34		40 Jahre Wüstenwanderung (38 Jahre, 5.Mo. 2,14).
4.Mo.20,1	01.40	...im 1.Monat in Kadesh - Myriam stirbt!
4.Mo.20,8-11		Wasser aus dem Felsen - reden (aber MOSE hatte ihn 2x geschlagen).
4.Mo.20,2 f		...von Kadesh bis an die Grenze Edoms.
4.Mo.33,38	01.05.40	Aaron stirbt mit 123 Jahren. Er war 3 Jahre älter als Mose (2.Mo.7,7)
4.Mo.20,29	01.06.40	30 Tage Trauer.
4.Mo.27,22		Einsetzung Josuas in sein Amt als Führer (Mose war 120 Jahre alt (5.Mo.31,2)
5.Mo.1,3	01.11.40	Mose redet zum Volk.
5.Mo.34,7		Mose stirbt mit 120 Jahren.
Josua 1,2		Josua führt Israel nach Kanaan ein.

Auszugsroute von Ägypten nach Kanaan

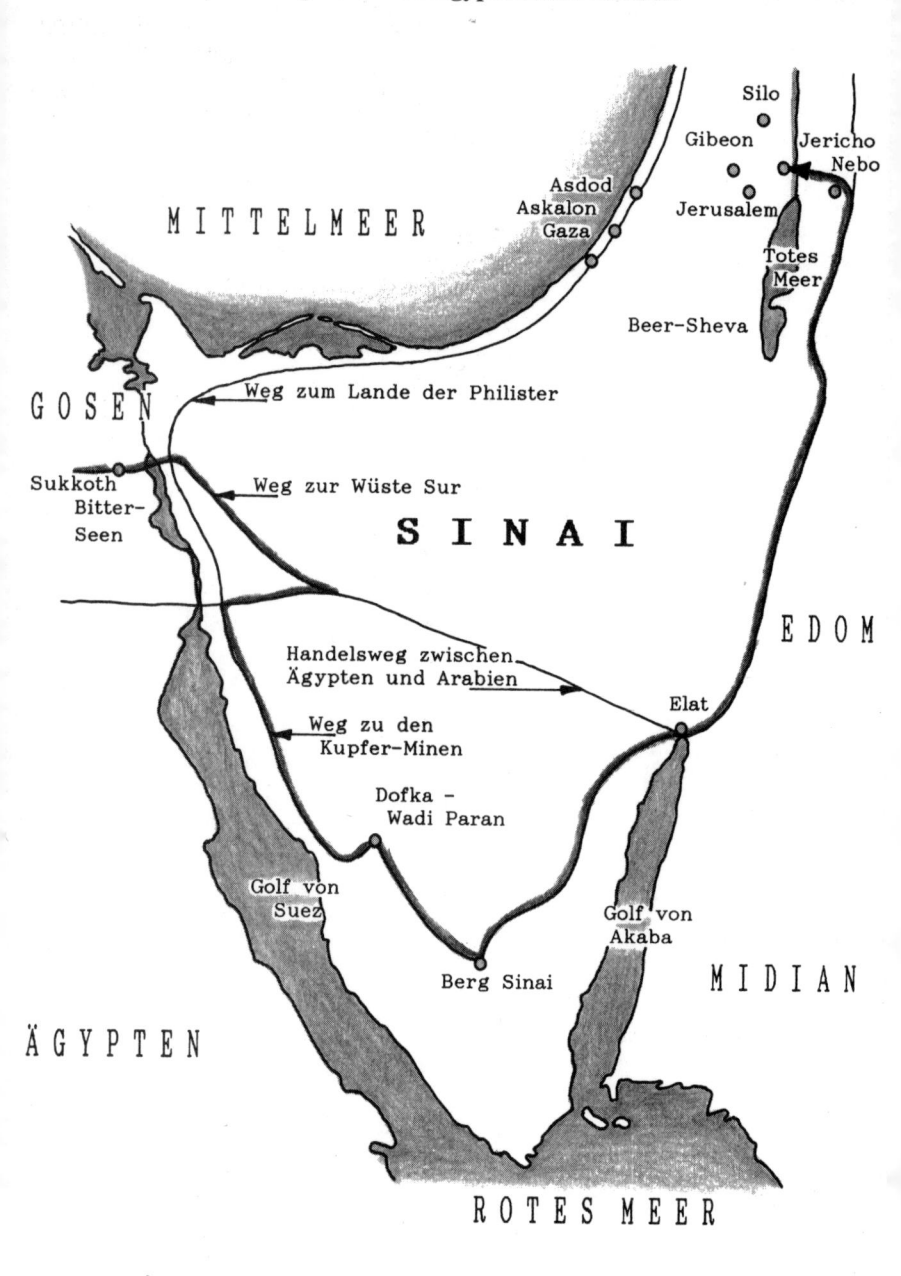

Israels biblische Grenzen

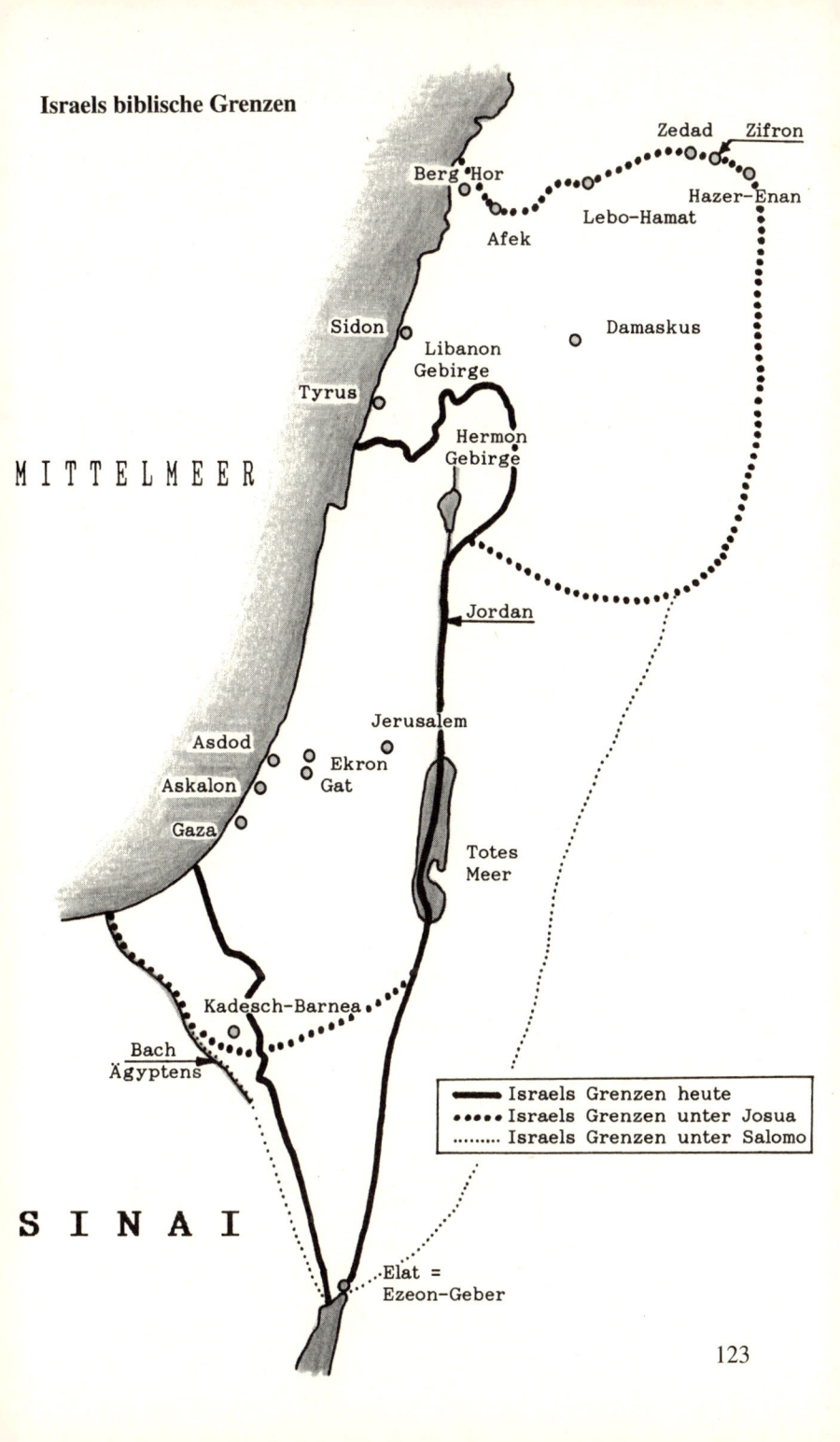

- Zedad
- Zifron
- Berg Hor
- Afek
- Lebo-Hamat
- Hazer-Enan
- Sidon
- Libanon Gebirge
- Damaskus
- Tyrus
- Hermon Gebirge

MITTELMEER

Jordan

- Jerusalem
- Asdod
- Ekron
- Askalon
- Gat
- Gaza
- Totes Meer
- Kadesch-Barnea
- Bach Ägyptens

—— Israels Grenzen heute
••••• Israels Grenzen unter Josua
······ Israels Grenzen unter Salomo

SINAI

Elat = Ezeon-Geber

Ausschnitt Zeittafel

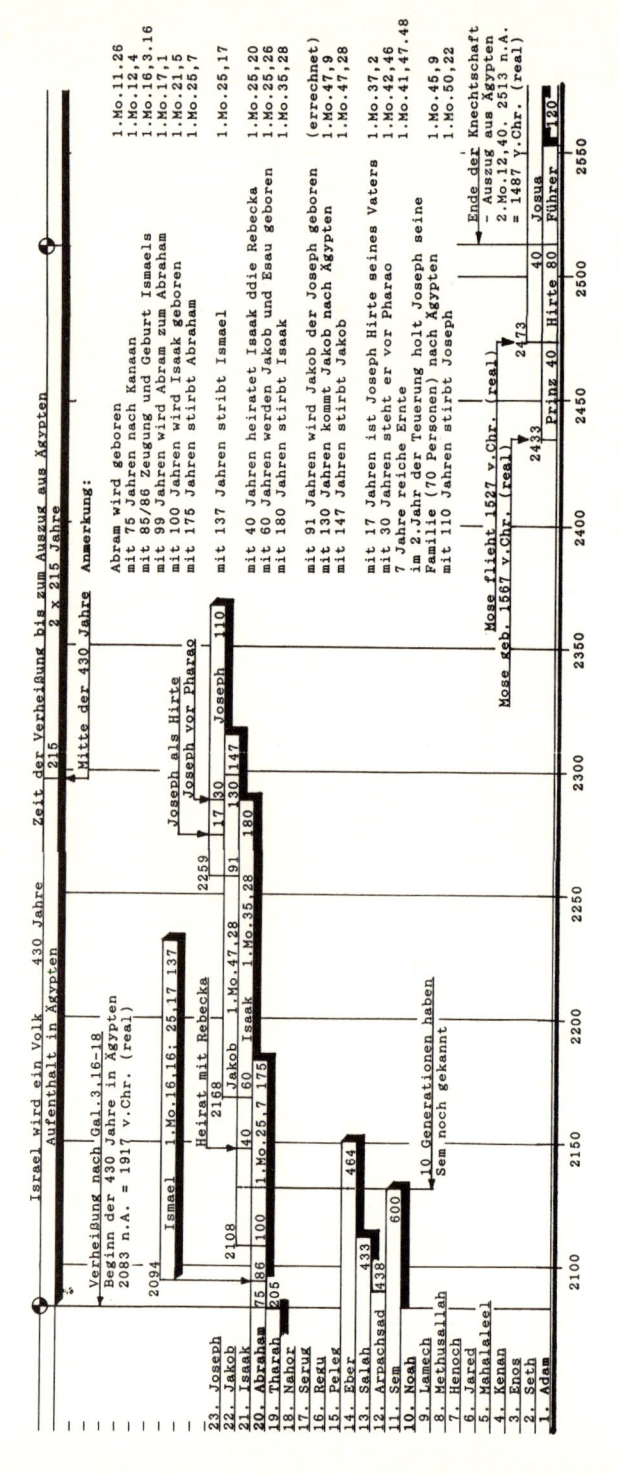

	Israel wird ein Volk	430 Jahre	Zeit der Verheißung bis zum Auszug aus Ägypten
	Aufenthalt in Ägypten		2 x 215 Jahre

Anmerkung:

Abram wird geboren		1.Mo.11,26
mit 75 Jahren nach Kanaan		1.Mo.12,4
mit 85/86 Zeugung und Geburt Ismaels		1.Mo.16,3.16
mit 99 Jahren wird Abram zum Abraham		1.Mo.17,1
mit 100 Jahren wird Isaak geboren		1.Mo.21,5
mit 175 Jahren stirbt Abraham		1.Mo.25,7
mit 137 Jahren stirbt Ismael		1.Mo.25,17
mit 40 Jahren heiratet Isaak die Rebecka		1.Mo.25,20
mit 60 Jahren werden Jakob und Esau geboren		1.Mo.25,26
mit 180 Jahren stirbt Isaak		1.Mo.35,28
		(errechnet)
mit 91 Jahren wird Jakob der Joseph geboren		1.Mo.47,9
mit 130 Jahren kommt Jakob nach Ägypten		1.Mo.47,9
mit 147 Jahren stirbt Jakob		1.Mo.47,28
mit 17 Jahren ist Joseph Hirte seines Vaters		1.Mo.37,2
mit 30 Jahren steht er vor Pharao		1.Mo.42,46
7 Jahre reiche Ernte		1.Mo.41,47.48
im 2.Jahr der Teuerung holt Joseph seine Familie (70 Personen) nach Ägypten		1.Mo.45,9
mit 110 Jahren stirbt Joseph		1.Mo.50,22

Ende der Knechtschaft
- Auszug aus Ägypten
  2.Mo.12,40: 2513 n.A.
  = 1487 v.Chr. (real)

Verheißung nach Gal.3,16-18
Beginn der 430 Jahre in Ägypten
2083 n.A. = 1917 v.Chr. (real)

Heirat mit Rebecka
1.Mo.16,16; 25,17.137
Jakob 1.Mo.25,7.175 Isaak 1.Mo.47,28 1.Mo.35,28

10 Generationen haben
Sem noch gekannt

Joseph als Hirte
Joseph vor Pharao
Joseph

Mose geb. 1567 v.Chr. (real)
Mose flieht 1527 v.Chr. (real)

	Prinz 40	Hirte 80	Führer 120
	2433	2473	

Namen (von oben nach unten):
23. Joseph
22. Jakob
21. Isaak
20. Abraham
19. Tharah
18. Nahor
17. Seruk
16. Regu
15. Peleg
14. Eber
13. Salah
12. Arpachsad
11. Sem
10. Noah
9. Lamech
8. Methusallah
7. Henoch
6. Jared
5. Mahalaleel
4. Kenan
3. Enos
2. Seth
1. Adam

Zahlenangaben: 2094, 2108, 75/86, 205, 100, 40, 2168, 60, 464, 433, 438, 600, 2259, 91, 130/147, 180, 17/30, 110

von Abrahams Einzug nach Kanaan (2083 n.A. = 1917 v.Chr. real), bis zum Einzug des Hauses Jakob nach Ägypten, mit 70 Personen sind 215 Jahre vergangen. Nach weiteren 215 Jahren erfolgt der Auszug aus Ägypten und die Gesetzgebung unter Mose (2.Mo.12,40; Gal.3,17). (2513 n.A. = 1487 v.Chr. real).

David Jaffin
Jüdische Feste – christliche Deutung
76 Seiten, Bestell-Nr. 056698

Dieses faszinierende Thema kann nur ein Autor mit besonderem Hintergrund – wie ihn David Jaffin hat – richtig bearbeiten: Sohn jüdischer Eltern, der als Erwachsener zum christlichen Glauben übertritt. Daß unsere großen Feste des Kirchenjahres in der alttestamentlichen Gemeinde wichtige »Gegenüber« haben, ist jedem aufmerksamen Bibelleser mehr oder weniger bewußt. Für dieses Buch wurden vier Paare gegenübergestellt: Chanukkah – Advent/Weihnachten; Passafest – Gründonnerstag/Karfreitag; Das alte und das neue Pfingsten; Sabbat und Abendmahl.

Gleason L. Archer
Einleitung in das Alte Testament
Band 1 – 240 Seiten, Bestell-Nr. 071806
Band 2 – 480 Seiten, Bestell-Nr. 071807

Als Niederschrift von Gottes Plan für die Menschheit ist die Bibel äußerst wichtig für das Verständnis der Offenbarung, die sie enthält. Doch obwohl die Worte der Schrift auch heute noch Botschaft Gottes an den modernen Menschen sind, dürfen wir nicht vergessen, daß sie ursprünglich nicht in unser Zeitalter gesprochen sind. Und ohne Verständnis der Probleme und Anforderungen der altertümlichen hebräischen Welt ist es unmöglich, die ewigen tragenden Prinzipien des Redens Gottes ganz zu erfassen. Band 1 behandelt die allgemeinen Fragen und der zweite Band beschäftigt sich mit den einzelnen biblischen Büchern.

C. Schulte-Uebbing
Biblische Sachkonkordanz zu Fragen der Endzeit

In diesem Buch sind alle Bibelstellen gesammelt, die einen eschatologischen Bezug haben. Der Autor hat sie nach seinem Verständnis der Endgeschichte in sieben Kapitel rubriziert, die wiederum noch einmal unterteilt sind. Dabei sind die Bibelstellen nicht bloß angegeben, sondern ausgeschrieben, so daß sich tatsächlich ein kleines und hilfreiches Nachschlagewerk ergibt – auch für den, der die eine oder andere Stelle anders einordnen möchte. Auch für Bibelleser geeignet.

Paul Humburg
Aus der Quelle des Wortes
360 Seiten, Bestell-Nr. 056561

Paul Humburg hatte eine besondere Gabe, von Jesus zu reden. Er schöpfte aus der vollen Quelle. Immer bezeugte er die großartige Antwort Gottes auf die Probleme und Nöte seiner Gemeinde und Mitarbeiter. Lebensnah und treffend konnte er weitersagen, was Mut und Liebe zum Dienst in Gottes Reich wecken sollte. Seine Betrachtungen gerade von Texten des Alten Testamentes haben zeitlose Aktualität. Er verliert sich dabei niemals in den schweren Zeitereignissen seines Lebens. Er spricht den Leser direkt an, nicht nur den Kopf, sondern den Menschen in seiner Ganzheit. Es fällt schwer, sich dem seelsorgerlichen Klima seiner Auslegungen zu entziehen.

Bitte fragen Sie in Ihrer Buchhandlung nach diesen Büchern!